Alabanza a LA IGLESIA CELULAR

Jesús nos llamó a ser pescadores de hombres. La estrategia de iglesia celular que Larry Stockstill ha desarrollado se ha convertido en una de las «redes» más eficaces que he visto, y está recogiendo una tremenda pesca en Louisiana. Mi anhelo es que cada pastor en América pueda leer este libro y ser retado a entrar sus redes en el agua.

J. LEE GRADY
EDITOR EJECUTIVO, CHARISMA MAGAZINE,
LAKE MARY, FLORIDA

Larry Stockstill es una voz profética. Su libro expresa claramente la manera en que todos estaremos levantando a las personas en el ministerio en el futuro. *La iglesia celular* debe ser una lectura obligatoria para todo líder cristiano. Hacia esto es que nos dirigimos.

TED HAGGARD
PASTOR DE LA IGLESIA NEW LIFE,
COLORADO SPRINGS, COLORADO

Como esposa de un pastor, creo firmemente en el ministerio de las células. El pueblo de Dios necesita relaciones piadosas, especialmente en estos tiempos acelerados y superficiales en los cuales vivimos. Larry Stockstill provee una visión clara del poder del concepto celular y una guía a fondo para implementar un eficaz sistema de células en su iglesia local. Recomiendo fuertemente *La iglesia celular* tanto a pastores como a laicos.

MARILYN HICKEY
GREENWOOD VILLAGE, COLORADO

La iglesia celular lanza una visión de una iglesia que fortalece sus miembros para «hacer la obra del ministerio» en el siglo venidero. La historia de la transición de *Bethany World Prayer Center* a un sistema basado en células está entretejido magistralmente con estrategias para levantar nuevas células y una nueva generación de líderes. Larry Stockstill no solo habla de la cosecha de almas que viene a las naciones; provee un modelo para equipar a los líderes de células para «retener la cosecha».

JOHN C. MAXWELL
FUNDADOR, *INJOY*, ATLANTA, GEORGIA

Larry Stockstill ha logrado eficazmente la transición al sistema basado en células. ¡Evitará muchas vueltas innecesarias aprendiendo de su jornada! Lea este libro y descubrirá la diferencia entre una iglesia celular y una iglesia con grupos pequeños.

DR. RALPH W. NEIGHBOUR, JR.
TOUCH OUTREACH MINISTRIES
HOUSTON, TEXAS

Desde los días en que conocí a Larry Stockstill como estudiante, tenía las «semillas de la grandeza» en él para Dios. Me he sentido inspirado al verlo crecer como un misionero, luego un pastor asociado con su ilustre padre, y entonces como un pastor principal que edificó una iglesia y luego la rehizo como una iglesia celular de tremendo éxito.

ORAL ROBERTS
CANCILLER, ORAL ROBERTS
UNIVERSITY TULSA, OKLAHOMA

Larry Stockstill ha organizado al Bethany World Prayer Center como una iglesia celular que ha experimentado un crecimiento increíble, tanto espiritual como numérico. *La iglesia celular* nos cuenta la historia de cómo se hace.

ELMER L. TOWNS
DECANO, ESCUELA DE RELIGIÓN, LIBERTY UNIVERSITY
LYNCHBURG, VIRGINIA

Larry Stockstill es el Michael Jordan de los grupos de células en los hogares. Si quiere aprender cómo desarrollar una iglesia, Larry es a quién debes preguntar e imitar. Felicitemos a Larry por poner sus ideas dinámicas en un libro. Si usted es líder de iglesia, no querrá perdérselo.

C. PETER WAGNER
PROFESOR, FULLER THEOLOGICAL SEMINARY
COLORADO SPRINGS, COLORADO

LA IGLESIA CELULAR

Larry Stockstill

LA IGLESIA CELULAR

BETANIA

Un Sello de Editorial Caribe

Betania es un sello de Editorial Caribe

© 2000 Editorial Caribe
Una división de Thomas Nelson, Inc.
Nashville, TN, (EE.UU.)

email: editorial@EDITORIALCARIBE.COM
www.caribebetania.com

Título en inglés: *The Cell Church*
©1998 Larry Stockstill
Publicado por Regal Books
Una división de Gospel Light Publications
Ventura, CA 93003, EE.UU.
Los derechos en otros idiomas los contrata con exclusividad GLINT
P.O. Box 4060
Ontario CA 91761-1003, EE.UU.

Traductor: Daniel Rojas

Tipografía de la edición castellana:
A&W Publishing Electronic Services, Inc.

ISBN: 0-88113-547-X

Este libro está dedicado primero a mi padre y madre,
Roy y Ruth Stockstill, cuyos 47 años de ministerio
pastoral establecieron en mí un fundamento firme para el
ministerio. También lo dedico a mi esposa, Melanie, cuyo apoyo
y paciencia durante de 22 años de labor misionera y pastoral
han sido mi inspiración; y a mis seis hijos, cuyas vidas han sido
alteradas dramáticamente por el ministerio celular en los últimos
cinco años. Por último, dedico este libro a los 24 pastores de
Bethany y a los 540 líderes de célula cuyos sacrifios semanales
por las almas es asombroso, y a los 6.000 miembros de
la iglesia a la que comencé a asistir desde que se inició
con solo 12: Bethany World Prayer Center
[Centro de Oración Mundial Bethany].

CONTENIDO

CONTENIDO

INTRODUCCIÓN

Si usted me hubiera dicho hace cinco años que yo estaría escribiendo un libro sobre las «células», me hubiera reído en su cara. Con frecuencia recuerdo como aquel miembro de nuestro equipo que fue asignado a supervisar nuestros 25 «grupos de vida» me preguntó: «¿Tiene usted alguna visión para nuestras células?» La verdad es que yo veía a estos grupos como uno entre nuestros muchos ministerios, una salida ministerial para líderes frustrados y una entrada ministerial para frustrados miembros de megaiglesias.

Mi «visión» para estos grupos mensuales era que siguieran existiendo. «Exclusivistas», a menudo «espontáneos», «basados en la comunión» y «rutinarios» son palabras que describían nuestros grupos. Los líderes eran preciosos y fieles, y carecían solo de visión y dirección. Mi única instrucción en cuanto a las células venía del «otro lado del mar» en sitios orientales lejanos y naciones cordiales donde yo pensaba que las masas estaban acostumbradas a ser llevadas en manada y a seguir sus líderes.

En América, sin embargo, comprendía muy bien el sentir de independencia, ajetreo y apatía hacia cualquier cosa que no fuera el cristianismo dominguero. Además, hacer «otra cosa» con las células hubiera añadido más a mi repleta agenda de predicación, consejería, dirección del equipo, medios de comunicación, administración de la escuela, supervisión de misiones, construcción del edificio, etc. ¡Hacer crecer las células sería como añadir un tumor!

Este libro le sorprenderá. Es increíble saber hasta donde el Señor me ha conducido en 60 meses. Todavía tengo una gran cantidad de trabajo, pero es compensado con el gozo de ahora tener más de 540 «equipos» de ministerio (células). Mi enfoque y pasión han sido refinadas y dirigidas hacia el siglo veintiuno con la precisión de un rayo láser. No esperábamos que esta emocionante dirección ocurriera en los EE.UU., y mucho menos en nuestra iglesia. Sin embargo, sabemos que es la mano del Señor que esta preparando nuestra nación y las naciones del mundo para la última cosecha de almas.

Hace años, me gustaba jugar con una pequeña tabla de escribir que uno podía marcar con un estilo plástico. Uno podía marcar en la hoja hasta que se llenara, y entonces con un tirón, la hoja plástica se levantaba y se borraba. Quizás ahora mismo su hoja mental está llena de un montón de preconcepciones y razones sobre las células. Antes de leer el primer capítulo, permítale a Dios levantar su hoja y dejarla limpia. Pídale a Dios que le prepare la mente para un cambio de paradigma que le puede tener funcionando como una iglesia celular en 60 meses. Ezequiel vio un río cuya profundidad solo se podía conocer probándola hasta los tobillos ... hasta las rodillas ... hasta los lomos ... y las aguas habían crecido de manera que no se podía pasar sino a nado. Al pararse en la ribera de la estructura y ministerio de la iglesia, quítese los zapatos y entre el dedo gordo leyendo este libro. Mire sobre las aguas y verá mi cabeza, después de cinco años, en estas aguas que no se pasan sino a nado. Las aguas son buenas, seguras, probadas y bíblicas.

Adelante... ¡A que no se atreve!

Larry Stockstill
Marzo de 1998

capítulo 1

EL VIENTO ESTÁ CAMBIANDO

Era la noche de la elección presidencial, y pensamientos de incertidumbre llenaban mi mente. El 3 de noviembre de 1992 llevó a muchos cristianos a un punto de confrontación con el futuro y yo no era la excepción. Una nueva administración estaba siendo elegida con posiciones morales y espirituales desconocidas. Mientras me preparaba para dormir, me sentía extrañamente perturbado. Era como si estuviera ante la orilla de un precipicio, incierto sobre qué clase de América conoceremos antes del año 2000. Decidí solo sentarme en silencio ante el Señor y meditar unos pocos minutos antes de irme a dormir.

LA VOZ QUE HE LLEGADO A CONOCER

A la vez que entré a mi estudio poco después de la medianoche, un extraño sentir del destino cayó sobre mí. No estaba preparado para la forma en que la presencia del Señor me encontraría allí y alteraría el curso de mi ministerio.

Aunque Dios me ha hablado con frecuencia por medio de una voz interior que surge de lo profundo de mi espíritu para explotar de repente en mi mente consciente, jamás he oído una voz audible. Sin embargo, sí recuerdo la primera vez que oí esa voz interior en 1969 cuando tenía 16 años. Vaciaba los latones de basura del pequeño auditorio de mi papá, cumpliendo mi deber como conserje de la iglesia. Cuando entré por la puerta de atrás, un pensamiento de repente penetró mi conciencia: *Sabes que te he llamado a predicar ¿verdad?* Me golpeó con tanta fuerza que aún recuerdo cada detalle preciso de esa experiencia. Antes de una semana, prediqué mi primer sermón.

A través de los años, esa voz me ha llevado a Oral Roberts University, a casarme con mi esposa, Melania, a vivir en África como misionero por dos años y a volver a mi iglesia Bethany como pastor asociado. Cuando mi padre se retiró en 1983, yo llegué a ser el pastor principal de Bethany, y esa voz me dirigió a construir nuestro auditorio de 6.000 asientos mientras subimos nuestro presupuesto para las misiones $100.000 cada año. Para el final de 1992, el edificio y los 100 acres de Bethany quedaron libres de deuda y la congregación estaba dando 1.27 millones de dólares a las misiones al año.

Entonces, esa noche de elecciones en 1992, la voz que he llegado a conocer y confiar dijo: *Dos cosas vienen en América: COSECHA y HOSTILIDAD. Tu iglesia no está preparada para ninguna de las dos. Te mostraré algo pronto que los preparará para lo que viene sobre la tierra.* La fuerza de las palabras del Señor fue tan arrolladora que me quedé pegado a la silla de mi estudio hasta casi las dos de la mañana. Comprendía que Dios estaba cambiando algo grande en mi vida a la vez que continuaba la impresión: *Voy a enviar un avivamiento a América que hará que millones entren al Reino. No caminarán, sino que correrán hacia Mí.*

Recordé la sensación que había experimentado durante una cruzada en el Estadio Olímpico de Moscú en 1991, cuando vi a miles *correr* de las gradas al altar. Recuerdo como las lágrimas caían de mis ojos al ver las personas sprintando sin pena a la cruz de Cristo, pensando en ese momento en la insolvencia moral y la destitución espiritual que tenemos en América. Casi había decidido después de esa cruzada que mi tiempo mejor lo utilizaba en el extranjero que en

América, y que los EE.UU. estaban desesperadamente condenados a ser ignorados en el avivamiento mundial. Los resultados de la elección esa noche habían confirmado mis preocupaciones, así que esta palabra del Señor me fue de gran sorpresa.

Otro pensamiento predominante presionaba mi mente. La clara impresión era: *Una hostilidad vendrá contra el cuerpo de Cristo, obligando a los creyentes a ajusta las maneras tradicionales en las que se han reunido.* Es obvio que las tinieblas y la luz se están polarizando tanto en América que pronto se desatará la plena hostilidad contra los creyentes en esta nación.

> *Con las células en su lugar ... aunque el «tronco» del árbol fuera cortado, las «raíces» de las células continuarían floreciendo clandestinamente.*

Había leído cómo la iglesia en la China no solo había sobrevivido sino también florecido en avivamiento durante períodos de hostilidad. También había leído acerca de la manera en que el doctor Yonggi Cho, pastor de la iglesia más grande del mundo en Seúl, Corea, comenzó su estructura celular ante la sombra de una invasión de Corea del norte, comprendiendo que tal invasión significaría una muerte segura para él y su equipo. Ahora, sin embargo, con las células en su lugar, Cho está asegurado que aunque el «tronco» del árbol fuera cortado, las «raíces» de sus células continuarían floreciendo clandestinamente.

PREPARACIÓN PARA LA HOSTILIDAD Y LA COSECHA

En el libro de Génesis, Dios reveló a José ciertos cambios que se tenían que hacer antes de que llegaran los años de abundancia y hambre para que tuviera un plan de preparación para salvar a Egipto. No me gusta el cambio, y sinceramente, nuestra iglesia no *necesitaba* cambiar para sacarnos «del hoyo». Veíamos a un gran número de personas venir a Cristo cada semana y nuestra casa financiera estaba bien en orden como un ministerio libre de deudas. Comprendí que la Palabra del Señor para mí no era una represión, sino la *preparación* para un cambio. Pasé el mes de noviembre clamando a Dios para que me lo explicara más.

Mi oración fue contestada dentro del mes mientras estaba sentado en un restaurante con uno que había sido pastor asociado nuestro. Cuando empezó a cuestionarme sobre el estado actual de nuestra iglesia, comencé a sentirme más y más incómodo con los asuntos que quedaban expuestos y vulnerables ante sus preguntas. Me interrogó intensamente sobre la eficiencia de nuestra iglesia en cuidar de nuestra grande congregación. Entonces estableció su punto. Comenzó a testificar de la transición de su iglesia a una «estructura celular». En mi mente comparaba su descripción de sus células a las 25 células que teníamos en Bethany. Sinceramente quería que cambiara el tema, pero persistió. Mientras estaba sentado ahí, mi vista fijada en mi comida mejicana, súbitamente se me ocurrió que sus palabras penetrantes no eran de él sino del Espíritu Santo.

La conversación de dirección única terminó después de una hora con su recomendación de que yo leyera el libro de del doctor Ralph Neighbour, *Where Do We Go From Here?* [¿Y a donde vamos ahora?] (Touch Publications). Me pasé el final de noviembre y el principio de diciembre leyendo el libro, casi enfurecido por su mensaje. Estaba francamente ultrajado por la manera sencilla en que Neighbour desechaba de la iglesia tradicional americana y describía un paradigma nuevo de estructura de iglesia llamada la «iglesia celular».

Poco a poco, mi ira se convirtió en fascinación a la vez que el libro explicó como los principios de la iglesia primitiva en Hechos habían dado a luz enormes iglesias celulares en todo el mundo hoy. El nacimiento de estas iglesias ha sido realizado conectando a las personas con vivificantes grupos en hogares de 6 a 12 personas. Cada grupo entonces se junta una o dos veces a la

semana con las otras «células» en una «celebración», algo parecido a las reuniones congregacionales que yo conocía. Era el acer-
camiento sencillo de la Iglesia Primitiva en el «templo» y «de casa
en casa». Mi disposición a dudar se convirtió en una reverencia
tierna por algo asombroso y sobrenatural.

Capítulo por capítulo, el Dr. Neighbour, uno de los pioneros
del movimiento de iglesias celulares y fundador de Touch Outreach Ministries, describió las iglesias celulares alrededor del
mundo. Mi interés ávido en las misiones junto con un trasfondo
como misionero a África occidental había creado en mí un profundo respeto por los hermanos en otras naciones. Algunos frag-
mentos de testimonios de los que el Dr. Yonggi Cho había logrado en Corea a través de las células obviamente habían llegado a
mis oídos, pero los había rechazado sin pensarlo como algo pecu-
liar de la cultura coreana.

El Dr. Neighbour, sin embargo, tenía tantas historias similares que me sentí obligado a reanalizar el concepto de las células.
Lo mismo en la Costa de Marfil que en Manila, que en El Salvador y, por supuesto, que en Corea, la historia era la misma: las
«megaiglesias» del mundo habían cambiado sus estructuras para
acomodar una cosecha masiva. El tema del Dr. Neighbour era
simple: la estructura de ministerio tradicional de la iglesia que se
basa en programas no puede contener el avivamiento venidero.

La estructura de Bethany ya era bastante sencilla. Nuestro
lema siempre había sido: «Sencillez, sinceridad y sacrificio».
Nuestro gobierno consistía de tres presbíteros pastorales de afuera, tres ancianos del personal y tres diáconos congregacionales
para tener flexibilidad y responsabilidad. Estos nueve miembros
de nuestro comité de directores estaban bien abiertos a cualquiera dirección bíblica, ética y práctica siempre que fuera del Señor.

Al fin desarrollé un profundo testimonio interno que me
motivó a seguir con confianza plena. Por lo tanto, entre el exa-
men introspectivo de las primeras dos semanas de diciembre
de 1992, quedé totalmente convencido de que las células fun-
cionarían en América, y especialmente en Bethany. No tenía
un patrón o modelo americano que visitar o emular, pero sí tenía un gran equipo de pastores sacrificados, una iglesia gozosa

con una visión misionera y un manual escrito por un hombre con más de 25 años de experiencia con las células.

UNA NUEVA PARADIGMA

El retiro anual de planeamiento de Bethany fue interesante, pudiéramos decir. Me pasé todo un día presentando el paradigma de la iglesia celular a nuestros pastores, describiendo sus papeles futuros y estimulando visión y fe en ellos. ¡Al inicio, mi equipo me miró como si yo viniera de otro planeta! Al fin, captaron la visión y planeamos doce semanas de entrenamiento que comenzaría en enero de 1993.

Cuando el año nuevo llegó, junté un grupo de 500 intercesores que habíamos entrenado a través de los años y llamábamos el «ejército de Gedeón». Por años el ejército de Gedeón se había reunido cada sábado en la mañana de 9:00 a 10:00 para orar por los pastores, cultos, ministerios misioneros y para romper las fortalezas espirituales en Baton Rouge. Sabía que este grupo sería el «núcleo» (¡Cualquiera dispuesto a venir a orar los sábados en la mañana tenía que estar abierto a la nueva dirección que el Espíritu Santo nos estaba mostrando!). Reuní a los 500 intercesores (incluyendo a los 25 líderes de grupos en hogares que ya teníamos) y empecé a entrenarlos con el segundo capítulo de Hechos.

UN AÑO NUEVO, UNA ESTACIÓN NUEVA

Jamás olvidaré esa primera semana de enero, 1993. Era como si las estaciones hubieran cambiado en Bethany. En esa semana pagamos el balance de la la hipoteca de la iglesia 10 años antes de tiempo y quedamos libres de deudas. La iglesia estaba extática por nuestra nueva libertad económica y emocionada por las nuevas oportunidades. Los miembros confiaban plenamente en mi liderazgo cuando le anunciaba a los 500 fieles intercesores que íbamos a ser una iglesia basada en células con reuniones semanales en vez de mensuales.

Nuestro enfoque sería llevar a los nuevos convertidos y visitantes, la orilla del crecimiento en nuestra iglesia, a las células para que se sintieran en familia y en un lugar seguro para ser discipulados personalmente. Reconocíamos que muchos de los que ya eran miembros tenían relaciones establecidas y no sentirían la necesidad de estar en una célula como los nuevos creyentes o visitantes. Enfatizamos que a nadie se le trataría como un cristiano de segunda clase si no querían asistir a una célula. La emoción aumentaba semana tras semana mientras impartíamos la visión de las células semanales.

Como ya les mencioné, Bethany ya tenía grupos en los hogares, así como muchas otras congregaciones norteamericanas. El ministerio de grupos en hogares existía para acomodar el clamor de unos pocos que querían más compañerismo. Otros miembros estaban más orientados a la reunión congregacional. Por lo tanto, nuestros 25 grupos ya se habían reunido mensualmente (casi todos por complacerme a mí), ¡y un grupo de vez en cuando se multiplicaba por accidente!

El ministerio de grupos en hogares que conocíamos estaba a punto de cambiar. Los líderes comenzaron a visualizar un tipo de célula completamente distinto: una vivificante célula evangelística y multiplicadora. Durante esas 12 semanas de entrenamiento, dos nuevas fuentes de revelación celular convirtieron la chispa de visión en una hoguera. La primera fuente de revelación comenzó a fluir en un viaje a Singapur y Corea.

EL PROTOTIPO DE SINGAPUR

En marzo de 1993, asistí a una conferencia de células en Singapur auspiciada por Dr. Ralph Neighbour y Lawrence Khong, pastor de la dinámica Iglesia Bautista Comunidad de Fe. La conferencia me impactó dramáticamente. Observé una iglesia celular con 400 grupos y 6.000 miembros. No había otros programas, solo células. Durante una tranquila sesión en la tarde (que casi no visité) vi una de las oficinas de distrito. Estas oficinas son el centro nervioso geográfico desde el cual un pastor de distrito y varios pastores de zona supervisan una área geográfica de Singapur. Las metas, la visión y tablas de crecimiento de los líderes de célula estaban en la pared a plena vista de todos. El personal de la oficina hablaba de conquista como un cuarto de estrategia militar en el pentágono.

El escritorio del pastor de distrito estaba en una oficina aparte y los pastores de zona estaban en un cuarto grande y abierto con sus estrategias celulares montadas en la pared para que todos vieran. ¡Había oído de las células, pero esto era agresivo! ¡Esta era una iglesia sumamente motivada y enfocada con la visión de establecer una célula en cada cuadra de Singapur para el año 2.000! El eficaz y feliz personal se movía como una poderosa unidad y el efecto que tuvo en los 800 delegados de América y otras naciones fue cautivador.

Completé mi viaje con una parada en la iglesia del Dr. Yonggi Cho en Seúl, Corea y observé sus oficinas de distrito en acción en esa iglesia de 750.000 miembros. Las personas esperaban en una línea junto a todos los escritorios de los pastores de zona después de los cultos para orar y recibir consejería. Me pregunté: *¿Por qué nunca he visto una oficina de distrito en América? ¿Podría esto servir como un puesto de mando para manifestar la estructura invisible de la iglesia celular y para los líderes de célula encontrar su «dirección» en la iglesia?*

Me hice el propósito de remodelar mi iglesia cuando regresara a Bethany. Cuatro oficinas poco usadas en el pasillo detrás de los cuartos de los niños fueron nuestras primeras oficinas de distrito para las células. Inmediatamente comenzamos a planear un «centro de toque» donde las células se podrían alimentar y constantemente motivar.

CÉLULAS EVANGELÍSTICAS, LA CURA PARA EL

La segunda fuente de revelación que se juntó en mi mente era la de las células evangelísticas. Mis compañeros de viaje al oriente en marzo habían sido dos hermanos carnales y pastores mejicanos, Víctor y Noé Martínez. Estos dos líderes profundamente espirituales supervisaban megaiglesias en Monterrey y Ciudad Méjico. En los largos vuelos, los hermanos Martínez me hablaron en detalle de la idea de células evangelísticas. Habían pasado tres semanas estudiando una impresionante iglesia celular con más de 50.000 miembros y 4.500 células en San Salvador, El Salvador.

El crecimiento de las células en San Salvador viene de *dos* reuniones de célula semanales: una los martes y otra los sábados. El formato de las reuniones cambia basado en el propósito de la reunión. La primera del martes en la noche es para «edificar» (a los miembros de la célula y planear una reunión evángelistica el siguiente sábado). La segunda reunión del sábado en la noche es la reunión evangelística (invitar a los perdidos, no solo a los creyentes). ¡El efecto alterno de estos dos formatos crea una dinámica como un pistón o un rifle! El grupo puede «retroceder» (descansar, ministrar los unos a los otros y planificar) los martes (como que se hace retroceder el percusor), y luego «disparar» (evangelizar a los amigos y vecinos perdidos) los sábados. Esta dinámica alterna mantiene a los grupos enfocados y poderosos.

El propósito y el enfoque evita que el grupo termine siendo un grupo de cuidado en el que la meta es meramente tener compañerismo y un refrigerio. Los dos ingredientes necesarios para las células, edificación y evangelismo, están integrados con belleza. Con una base tan vivificante, podía ver que sería imposible que a este tipo de grupo le diera la enfermedad de célula que jocosamente llamamos «*koinotitis*» (compañerismo encarnado).

Combiné la idea de la oficina de distrito de Singapur con el enfoque evangelístico de El Salvador, alternando la edificación y el evangelismo en dos distintos formatos. Elegimos hacer que los dos formatos se alternaran una semana sí y otra en vez de dentro de una semana. Al final de las 12 semanas, no solo los líderes habían captado la visión y establecido una dirección clara, sino también los cuatro cuartos de niños también fueron remodelados para servir como oficinas de distrito. El día de resurrección de 1993 fue un gran día en Bethany. Llamamos al frente a los 54 nuevos líderes de células y anunciamos nuestras intenciones de hacer la transición a iglesia celular dentro de un período de cinco años.

Le aseguramos a la congregación que los grupos se enfocarían en los recién convertidos y los visitantes pero que todos estaban invitados a asistir a uno de los nuevos grupos de toque (células).

La iglesia se regocijó en formar una manera de cuidar a los nuevos creyentes, y los líderes fueron lanzados al ministerio. Su misión era multiplicar dentro de seis meses dando a luz a un nuevo grupo de 6 a 12 miembros. Cada nuevo contacto que Bethany recibía de cualquier fuente se entregaba en sus manos para darle seguimiento. Tanto ha pasado desde ese día de resurrección que muchos de los detalles se han perdido.

Por coincidencia, el Dr. Cho tuvo una apertura repentina en su agenda de predicación en los EE.UU. una semana más tarde. Ministró en Bethany un domingo en la tarde y más de 4.000 creyentes le oyeron hablar de la oración y su poder en la iglesia celular. ¡El mensaje del Dr. Cho, por supuesto, fue un exitazo! Nos pareció que entramos en una «zona» espiritual que ha continuado sin disminuir por los últimos seis años.

CERRAR LA PUERTA DE ATRÁS DE LA IGLESIA

Dentro de seis meses, las 54 células se habían multiplicado a 108 grupos. Su crecimiento vino principalmente de asimilar a los miembros de Bethany que desarrollaron un interés en el fuego de avivamiento y la pasión por ganar almas que los grupos mostraban. Otro fenómeno interesante surgió. Un estudio de nuestros archivos reveló que en los años del 1990 al 1992, Bethany en realidad no había crecido. Cincuenta familias nuevas llegaban cada mes por la «puerta del frente» pero era obvio que un número semejante salía por la «puerta de atrás».

El mismo estudio mostró que al final del año 1993, nuestro primer año de ministerio celular, ¡un crecimiento neto de 600 familias nuevas se habían añadido a la iglesia!

Las células habían ayudado a cerrar la puerta de atrás de Bethany. Los años del 94 al 96 mostraron un aumento similar de 400 a 600 familias nuevas cada año, y un crecimiento de 200 células adicionales. Terminamos 1996 con 310 células y 2.000 familias más que cuando comenzamos en 1993.

En Bethany, la cuestión de la iglesia celular es un caso cerrado. Las personas están siendo pastoreadas mejor que nunca. Todos tienen un formato para evangelizar a sus amigos;

también están encontrando un lugar para usar sus habilidades de liderazgo.

¡PREPÁRENSE O SERÁN ATROPELLADOS!

Estos cinco años han sido años de aprender. Hemos cometido errores, pero hemos adquirido más experiencia cada vez. El proceso celular del *evangelismo, asimilación, discipulado* y *comenzar células nuevas* ha sido elaborado y reelaborado para hacer nuestro entrenamiento de líderes adecuado para preparar la iglesia espiritual y numéricamente para la cosecha. En cada una de nuestras conferencias de iglesia celular, ¡le hemos informado a los delegados en la primera sesión que «en realidad no sabemos lo que estamos haciendo»!

Mucho de nuestro éxito ha sido el producto de «ensayo y error». Por ejemplo, 10 meses después de que Bethany comenzó con las células, nuestra *dirección* del Señor en cuanto a preparar para una gran cosecha venidera en los EE.UU. se convirtió en un *mandato* tangible. Auspiciamos el drama canadiense «Las puertas del cielo y las llamas del infierno». ¡Lo que comenzó como un drama cristiano de tres noches sobre el cielo y el infierno resulto en 900 conversiones la primera noche! El drama se extendió semana tras semana, y las personas llegaban hasta con cuatro horas de anticipación para asistir, llenando el auditorio con 6.000 cada noche. Hasta 1.200 personas *corrían* al frente cada noche para arrepentirse y volver al Señor.

Dentro de ese período de 21 noches, ¡registramos 18,290 decisiones para Cristo! Las 120 células nuevas trabajaron incansablemente para contactar a los nuevos creyentes. El personal de la oficina trabajó largas horas para registrar los nombres y las direcciones, producir cartas de seguimiento, organizar las listas de teléfono y comenzar clases de nuevos creyentes. La «red» del programa tradicional de la iglesia se estiró y rompió bajo el tamaño de la «pesca». Créalo o no, ¡nos cansamos de cosechar! *Todo* quedó arrollado.

Mandamos las tarjetas de decisión a las iglesias locales de Baton Rouge si había una marca en la tarjeta que indicara que esa persona había asistido a esa iglesia. Miles de tarjetas se enviaron. Aunque retuvimos por los menos 5 por ciento de esa cosecha masiva, la mayoría se perdió para siempre, dándonos un mensaje claro: *Prepárense o serán atropellado.*

A través de todos nuestros errores y crecimiento, nos hemos aferrado a un principio central: *La Iglesia debe prepararse para el avivamiento.* La tarea del cuidado pastoral, evangelismo y entrenamiento de líderes se debe hacer por medio de alguna estructura, y hallamos que la de las células es la más sencilla y expansible para realizar esa tarea. Mientras escribo este libro, un avivamiento en Brownsville Assembly of God en Pensacola, Florida a continuado sin disminuir por tres años. Más de 100.000 decisiones se han registrado, y una iglesia con cupo para 2.600 con frecuencia a tenido una asistencia de 7.000 en la capilla y aun en carpas afuera. Miles forman líneas todo el día y hasta duermen de noche en el estacionamiento de la iglesia para conseguir un asiento. Otras visitaciones de Dios están irrumpiendo a través de la nación y el mundo a la vez que las lluvias del avivamiento maduran la cosecha final. Creo firmemente que para el año 2.000, América arderá con las llamas de un arrepentimiento y avivamiento poderoso.

A veces vemos 50 conversiones en Bethany los domingos por la mañana y 25 los miércoles. *Debemos prepararnos para estar listos para la cosecha venidera.* La estructura tradicional de evangelizar, asimilar, discipular y desatar líderes jamás será lo suficientemente rápida o eficiente para mantener el ritmo. Así como le pasó a Moisés, será con nosotros.

UNA LECCIÓN DEL DESIERTO

Poco después de que Moisés guiará a los israelitas fuera de Egipto, fue aparente que la estructura para manejar esa multitud tenía que cambiar. Como necesitaban consejos sencillos y dirección, el pueblo esperaba en largas líneas ante la carpa de Moisés. Esto desgastaba al pueblo y agotaba a Moisés. Su suegro inculcó en Moisés el principio eterno de la delegación y supervisión. Ordenó la «iglesia en el desierto» en equipos de 10, 50, 100 y 1.000.

Solo los casos difíciles llegaban a Moisés. ¡Este sistema pastoral resultó enormemente eficaz y logró que 3 millones de personas marcharan, anduvieran y pelearan juntos sin un sistema de amplificación o correo electrónico!

Mover a la gente hacia relaciones y supervisión es el método de pastorear personas que el tiempo ha probado. ¿Por qué no había podido comprender antes que la Iglesia Primitiva acomodaba la cosecha inmediatamente con reuniones «en las casas» (véase Hechos 2.46)? ¿Es nuestra cultura exenta de los principios bíblicos que mantuvieron la Iglesia Primitiva unida y ahora funcionan maravillosamente en muchas otras culturas a través del mundo?

Al leer este libro, abra su corazón y mente a un nuevo mundo de estructura de iglesia: una estructura tan sencilla que la Iglesia Primitiva la podía seguir sin computadoras, códigos postales ni facilidades. La iglesia celular ya está cosechando y reteniendo a multitudes en iglesias a través del mundo entero, y la pregunta es: ¿Puede funcionar para todos? Creo que sí, y los siguientes capítulos describirán como una congregación ha sido transformada radicalmente. Prepárese para la jornada: *cosecha* u *hostilidad* viene. ¿Estará usted listo?

capítulo 2

IGLESIAS
CON VENTANAS

El hombre más rico en el mundo es Bill Gates, dueño de la poderosa corporación, Microsoft. La fortuna personal de este joven es más de 39 mil millones de dólares. Gates logró su vasta fortuna con una pequeña idea que revolucionó el mundo de las computadoras personales: *Windows* [Ventanas]. Antes, las computadoras solo tenían un menú de programas que utilizaban para hacer su selección. Cada programa funcionaba independientemente y se tenían que cerrar antes de tener acceso a otro. Este sistema incómodo existía solo porque los varios programas no hablaban el mismo «idioma». Los programas estaban dentro de la computadora pero completamente incompatibles.

La reforma de computadores comenzó cuando Gates descubrió una manera de lograr que todos los programas hablaran el mismo «idioma» y permanecer «abiertos» simultáneamente al ocupar pequeñas «ventanas» en la pantalla como los vidrios en salas grandes con ventanas. Los «vidrios» de cada programa se representan en la pantalla con un pequeño símbolo gráfico (icono). Con poner el cursor sobre un icono y hacer clic con el ratón, cada uno o todos de los programas se pueden abrir y permanecer abiertos para que uno pueda moverse rápido entre ellos. Los programas son únicos, pero pueden «hablar» los unos con los otros porque están en el mismo «ambiente».

Gracias al genio de Gates, trabajar con una computadora personal es ahora divertido, rápido y preciso. No tiene que cerrar su programa de Biblia para trabajar con el programa de procesador de palabras para su sermón del domingo. Una variedad de programas se puede abrir simultáneamente y usar en tándem para la máxima eficiencia. ¿Pudieran ser las células un sistema de operaciones semejante para simplificar la estructura de la iglesia y hacerla divertida de nuevo?

SIMPLIFICAR LA ESTRUCTURA DE LA IGLESIA

Pocos problemas frustran más a un pastor que tener un número de programas compitiendo los unos con los otros en la iglesia. El enfoque del personal queda torcido en búsqueda de su programa particular. Los líderes de programas todos compiten por la atención del pastor y la prioridad en el presupuesto. Porque la base de voluntarios pocas veces cambia, los líderes todos tratan de enamorar a los mismos voluntarios para sus programas. Las reuniones del personal se vuelven emocionales sobre lo que *en realidad* es importante. El pastor queda perplejo al tener que decidir a cuál programa darle su energía creativa y la vez balancear importantes responsabilidades al púlpito y la familia. Los nuevos miembros van bajando por la línea de proceso de programa en programa, con frecuencia cayendo entre las grietas antes de ser verdaderamente asimilados a la vida de la iglesia. El paisaje de los programas de la iglesia está repleto de tantos métodos y filosofías que casi le puede hacer a uno pensar que es parte de varias iglesias.

¿Puede imaginar lo que pasaría si todos los programas en la iglesia fueran cambiados a un formato o «ambiente» común? ¿Qué si todos los miembros del personal estuvieran realizando su función ministerial mientras se dirigen a diferentes grupos dentro de la comunidad? El pastor entonces se podría enfocar en el «ambiente» del ministerio y motivar a los líderes de los programas a crecer dentro de ese formato común. Todo el personal estaría singularmente enfocado en los principios comunes, y el presupuesto se dividiría basado en el tamaño y la responsabilidad de cada área. Nada competiría por voluntarios o por ser el foco de la atención. El equipo pastoral sabría exactamente a quién pastorean y cómo su trabajo se evaluaría. La facilidad de pastorear tal sistema sería inmediatamente obvia para cualquiera que haya tratado de meter la multitud de programas de iglesia dentro de cualquier tipo de estructura manejable.

¿Les sorprendería saber que la iglesia de Dr. Yonggi Cho ha podido crecer a 750 000 miembros con 25 000 células, y que el Dr. Cho dice que a veces tiene que buscar bien en su oficina para hallar algo que hacer? ¿Es posible que el Pastor Dion Roberts de Côte d'Ivoire (Costa de Marfil), África Occidental, pueda pastorear a 120.000 miembros en 8.000 células sin computadora o códigos postales?

> *He aprendido que el verdadero genio no es la habilidad de hacer cosas complicadas, sino la de hacerlas sencillas.*

La iglesia celular no es solo una cuestión de juntar a las personas para tener un refrigerio en los hogares. Es una simplificación de la estructura de la iglesia que enfoca con poder a todos en la misma cosa. He aprendido que el verdadero genio no es la habilidad de hacer cosas complicadas, sino la de hacerlas sencillas. Cualquier niño puede sacar *todos* los juguetes de la caja y regar el cuarto. Solo un adulto puede mantener el cuarto sencillo y sin regueros. Vivimos en una nación en la que competencia con otras iglesias puede formar programas que el Señor no creó y que no podemos mantener. Pastores cansados comienzan y cancelan los más recientes programas basados en las facilidades y los voluntarios. Corren de conferencia a conferencia, implementando cada nuevo programa mientras estiran su cansado personal sobre cuatro o cinco áreas inconexas de ministerio. Tenemos que simplificar.

LLENAR LAS GRIETAS CON RESPONSABILIDADES COMUNES

La simplificación de la estructura se ilustra en la transición del programa de seguimiento de Bethany de uno basado en programas a uno celular. El proceso del programa antes comenzaba cuando una persona respondía a la invitación al final del servicio. Al nuevo creyente lo dirigían hacia un cuarto para ministrarle y llenar una tarjeta de información. Esa información la recibía el «programa de seguimiento» por medio del cual un líder de la iglesia contactaba esa persona durante los próximos días. Luego, la tarjeta se pasaba a un pastor que dirigía una clase de fundamentos espirituales, a la cual esperábamos que la persona asistiera. El programa de fundamentos espirituales enviaba la tarjeta a un grupo de hogar. Otros pasos eran parte del proceso también, pero el punto fundamental es que aunque cientos de convertidos entraban, pocos discípulos salían.

Nuestro proceso se veía bien en papel, pero era incómodo, y eso es decir poco. Los voluntarios que manejaban cada etapa del proceso no tenían ninguna conexión relacional con los nuevos convertidos. Su atención cada semana se dirigía a los convertidos más nuevos del domingo anterior. Como resultado, esos nuevos creyentes que ya estaban en el proceso con frecuencia se caían entre las grietas.

Como se puede imaginar, era difícil retener la cosecha. Programas federales y estatales a menudo operan de una forma similar, con agencias inconexas que tratan de suplir necesidades con criterios que se traslapan y aun son incompatibles. Este sistema imperfecto ha sido un desastre en el gobierno, y casi tan malo en nuestras iglesias.

Con una estructura de células, sin embargo, la situación se mejora dramáticamente. Cuando un individuo viene al Señor en un culto, un líder de célula se para detrás de esa persona en el altar. Después de la oración, llevan al nuevo creyente arriba a las oficinas de distrito y son recibidos por alguien cuya función es parecida al agente de una aerolínea que saluda a los viajeros que acaban de aterrizar. Le piden el código postal a las personas, y son guiadas con el líder de célula / consejero a una de las siete oficinas de distrito según su dirección. El nuevo creyente ve un corto video sobre Bethany y la vida en las células y luego lo presentan al pastor de zona correspondiente. ¡La persona recibe a Jesús y las células a la misma vez! Los nuevos creyentes no tienen ningún prejuicio contra las células, pero les emociona tener un grupo de apoyo y una familia espiritual para ayudarlos en su nuevo andar.

Dentro de 24 horas un pastor y un líder de célula visitan al nuevo creyente en su hogar para invitarlo al grupo más cercano. Por supuesto, si un miembro de otra célula trajo a esa persona, lo asignan al grupo de ese miembro. Una relación se forma, el proceso de seguimiento comienza y la vinculación con cristianos verdaderos comienza. Las personas ya no son parte de un programa; más bien, están en un ambiente natural y cariñoso donde pueden ser discipuladas y ser lanzadas al liderazgo también.

Utilizando este método poco a poco, Bethany ha cambiado todos sus programas con células en los últimos cuatro años. Todavía tenemos las mismas funciones de los viejos programas; sin embargo, todo lo que lograban esos programas ahora se realiza por medio de las células. A través de lo que llamamos responsabilidades comunes todo el trabajo de la iglesia se distribuye entre toda la estructura celular. Cada célula conoce su función en el cuidado pastoral, seguimiento de nuevos creyentes, ayuda en los cultos, oración por misioneros, ayuda en campañas y todas las funciones de la iglesia local. Cada célula analiza los dones espirituales de sus miembros para ayudarlos a encontrar su lugar en la vida de la iglesia. Sus dones se utilizan semanalmente en las células y trimestralmente en la congregación (más sobre esto en el capítulo 3).

LA IGLESIA CELULAR Y LA IGLESIA CON CÉLULAS

Es fácil ver que no estamos hablando de una iglesia con células sino una iglesia celular. Las células no son una adición que demandan atención como los demás programas: SON el programa. Como pastor de una iglesia con células, yo era como un malabarista que actuó en el programa de Ed Sullivan hace años. Podía hacer un plato girar sobre un palo, repitiendo el proceso 15 o 20 veces. El problema era, sin embargo, que el malabarista tenía que correr constantemente entre los platos para hacerlos girar más o se caían. Su ímpetu personal era necesario para mantener todos los platos girando.

¡Qué retrato del pastor típico! Todos los programas requieren el «ímpetu» y la atención del pastor o los voluntarios pierden interés. Los miembros del personal le ruegan al pastor que vaya a sus banquetes para voluntarios, que mencione sus ministerios desde el púlpito y que infunda sus programas de ideas nuevas. El cerebro ya sobrecargado del pastor siempre tiene que «hacer girar los platos», preocupado por cuál de ellos está tambaleando y apunto de estrellarse. Le puedo decir sinceramente que la exasperación de hacer girar múltiples platos ha terminado para mí. Ahora fijo mi energía, visión y atención en el único plato que lleva los propósitos de la iglesia: las células.

Bethany hoy es como la pantalla de Microsoft Windows. Todos los viejos programas aún son visibles, pero todos ahora tienen un formato en común. Benevolencia, seguimiento, visitación al hospital, alcance, jóvenes, solteros, intercesores, comidas de compañerismo, días de trabajo, ujieres/saludos/estacionamiento, y una multitud de otras funciones de la iglesia se realizan cada semana por las células. Ese ambiente incómodo y competitivo ya no existe. Se siente ahora como la iglesia primitiva. El proceso celular puede parecer una simplificación excesiva, pero funciona hermosamente en Bethany. La parte más hermosa es que la misma estructura suplirá nuestras necesidades aun si crecemos fenomenalmente en el próximo siglo.

NUEVAS PERSPECTIVAS EN CUANTO A «SER» LA IGLESIA

La iglesia celular requiere un cambio de paradigmas. Un paradigma controla cómo interpretamos lo que vemos y experimentamos. Consiste en un grupo entero de perspectivas. El siguiente dibujo ilustra cómo funciona un cambio de perspectiva. Mire la ilustración con cuidado. Puede percibirla como una anciana con una barbilla grande y protuberante que mira hacia abajo, o como una hermosa joven que está mirando a un lado sobre su hombro derecho. Según la manera que usted la vea la primera vez, le será bastante difícil ver la ilustración de la otra manera. Muchos cambios de perspectiva, los cuales requieren un esfuerzo y un estirón para percibir las cosas totalmente distintas, conducen a un cambio de paradigmas. Percibimos una parte o varias partes de realidad de una manera distinta.

Con frecuencia hemos visto la iglesia como un grupo de programas en vez de un grupo de relaciones. Los «grupos en hogares» eran «grupos de cuidado» u otro tipo de ministerio en la iglesia. El cambio de paradigmas que debemos hacer es comenzar a ver las células como «la iglesia». En Bogotá, Colombia, la Misión Carismática Internacional está evangelizando esa gran ciudad de 6 millones de habitantes a través de las células. ¡El crecimiento de la iglesia rindió 1.500 células en 1994, 4.500 en 1995, y cuando escribo esto en 1998, tiene 14.000! ¡El grupo de jóvenes de la MCI tiene 6.600 células, y los jóvenes solos están logrando 600 nuevas conversiones por semana! Sé que tenemos algunos programas chéveres en los EE.UU., pero ¿cuál produce fruto como este?

HAY QUE PODAR LOS CHUPONES DE LA IGLESIA

Las tomateras tienen unas ramitas que crecen en las horquillas de las principales. Estas ramitas improductivas se llaman «chupones» porque no dan fruto sino simplemente le roban vida a las ramas principales. Si no se podan, solo se darán tomates pequeños en las puntas de las ramas verdaderas. ¿Cuántos chupones hay en

nuestros ministerios que roban finanzas, energía y tiempo sin cumplir la Gran Comisión? En el capítulo 9 hablaremos de cómo transicionar cada programa a células, pero el asunto es este: ¿Podemos transicionar estos programas y aún cumplir las mismas funciones ministeriales?

La respuesta es sí. La transición tomará tiempo y requerirá cuidadosas destrezas pastorales. Debe tener paciencia y ver las metas a largo plazo. Puedo testificar, sin embargo, que sentarse en una reunión de personal con 24 pastores que no tienen *nada* de qué hablar sino las células es indescriptiblemente maravilloso. Los pastores están contentos, los miembros están contentos, los visitantes están contentos, *mi esposa está contenta,* la ciudad está siendo impactada cada semana en más de 540 lugares donde se reúnen células y quién sabe lo que Dios tiene para nosotros en el futuro.

CÉLULAS: LA NUEVA NORMA MUNDIAL

Nuestro ministerio no es lo único que ha sido revolucionado. Las obras misioneras a través del mundo con las cuales estamos afiliadas están duplicando la estructura celular. En Nairobi, la iglesia del pastor Donald Matheny de 1.200 miembros se reunía en el Hotel Intercontinental. La iglesia de 10 años había crecido hasta tres cultos pero no podía retener el vasto número de personas que venían al Señor. En agosto de 1994, el pastor Matheny regresó de nuestra conferencia nacional para la iglesia celular e implementó la estructura celular. En espacio de tres años, su iglesia se ha movido a un estadio con 3.500 en asistencia cada domingo. La iglesia, Nairobi Lighthouse, ahora tiene más de 2.500 asistiendo sus 450 células y un average de 350 personas están conociendo al Señor *en las células.*

La estructura celular es un sistema de operación de iglesia que con rapidez se está convirtiendo en la norma mundial. Este nuevo sistema celular se puede comparar al reemplazo del sistema estándar americano con el sistema métrico internacional. Nuestro personal puede rápida y fácilmente coordinar y rebuscar datos de miembros del personal de iglesias celulares en Sudáfrica, las Filipinas, Tailandia, El Salvador, Singapur, Colombia, Corea y Méjico o cualquiera de las otras naciones donde el sistema celular está funcionando.

Con algunas excepciones, la presente estructura de iglesia en los EE.UU. se percibe como difícil de manejar e imposible de implementar en otras culturas menos «sofisticadas» alrededor del mundo. Un sistema descentralizado ha servido a la iglesia china a través de 50 años de persecución y estuvo detrás del crecimiento fenomenal de la iglesia etíope durante 10 años de persecución comunista. Los brillantes e innovadores líderes de las iglesias celulares de clase mundial ya ni pestañean al ver una iglesia norteamericana de 10 a 15.000 miembro; ellos pastorean entre 50.000 y 100.000 creyentes o más. Dios ha bendecido a la presente estructura de Bethany, pero ¿estaremos abiertos a una multiplicación de ese tamaño?

Un cambio de paradigmas será requerido para reanalizar nuestras tradiciones preciosas sobre pastorear, evangelizar y entrenar. ¡El avivamiento que se acerca no nos deja otro remedio! Jesús le dijo a Pedro que echara las «redes» y su respuesta fue con *una* red (véase Lucas 5.4,5). El resultado fue predecible: su red se rompió. ¿No será que Dios nos está dando una percepción y revelación fresca en cuanto a una red mayor, una red que puede capturar y retener la «gran cantidad de peces». Al ver las funciones principales de la iglesia local (pastorear, evangelizar y entrenar líderes), compare su presente estructura y evalúe con sinceridad cuán eficaz es en estas tres funciones.

Si usamos nuestras estructuras eclesiásticas lentas y complicadas, un poderoso avivamiento en los EE.UU. nos dejaría sin preparación para retener y discipular la cosecha. Leí una vez del principal jefe de una de las más grandes corporaciones que botó un manual de 22.5 pulgadas por una declaración de filosofía de una página.[1] Todos los pesados, complicados procedimientos se resumían en una sencilla filosofía nueva de cómo trabajar. Es obvio que se requieren destreza administrativa para manejar las células, pero la tarea es más fácil cuando todos están concentrados en cumplir la misma tarea con la misma filosofía.

Preparémonos para cambiar. Preparemos los carros, unamos nuestras manos, inclinemos nuestros rostros y pidámosle a Dios que este sistema funcione para nosotros. El avivamiento viene. Dentro de los próximos 5 años, millones se unirán al Cuerpo de Cristo, y habrá que discipularlos y enviarlos. Abra su corazón y saque su libreta … quizás Bill Gates tiene razón.

Nota

1. Thomas J. Peters y Robert H. Waterman, Jr., *In Search of Excellence: Lesson from America's Best-Run Companies* [En búsqueda de la excelencia: Lecciones del las compañías más organizadas en los EE.UU], Warner Books, New York, 1984, p. 65.

capítulo 3

CONSORCIOS

La asociación es un concepto que Jesús utilizaba. Él y sus discípulos caminaron por toda la extensión de Israel como un equipo bien unido. A través de peligros, dificultades y rechazos, los doce rehusaron separarse cuando otros se sentían aprensivos en cuanto a seguir a Cristo. Muchos de los discípulos ya estaban asociados cuando Jesús los llamó. La historia de la red que se llenó y se rompía en Lucas 5 demuestra que Andrés, Jacobo y Juan ya eran «compañeros de Simón [Pedro]» (v. 10). Estos hombres habían aprendido que su productividad aumentaba dramáticamente cuando usaban una *red* como un grupo en vez de un *anzuelo* como individuos.

Una tendencia moderna en la administración de corporaciones es el concepto de la «administración en equipo». En la administración en equipo los problemas se abordan como un grupo en vez de depender de individuos para las soluciones. El mundo de los negocios se beneficia de un concepto bíblico: «Mejores son dos que uno; porque tienen mejor paga de su trabajo» (Eclesiastés 4.9).

Ahora creo que el concepto de equipo es la respuesta principal a la pregunta: «¿Y por qué las células?» Pregúntese: ¿Podemos pastorear nuestras iglesias más eficazmente cuando las personas son individuos inconexos o cuando están en equipos ministeriales? ¿Son tan espiritualmente productivos los creyentes cuando están solos como cuando están en grupos? ¿Las personas se alejan, divorcian o se apartan del Señor tanto cuando están en grupos de responsabilidad mutua como cuando andan solas? Estoy seguro que cada pastor sincero ha lidiado con estas cuestiones; por lo tanto, este capítulo lo dedico a explicar el «principio de un consorcio».

LOS CINCO PRINCIPIOS DEL CONSORCIO DE JESÚS

Juan 13—17 relata las últimas enseñanzas de Cristo antes de su muerte. Encerrados en el aposento alto, los doce escucharon mientras el Maestro los entrenaba para el futuro. Con semillas de división e individualismo presentes entre sus discípulos, Jesús usó esta última enseñanza para presentar en forma condensada el principio del compañerismo que los mantendría juntos en su ausencia. Concepto por concepto, Jesús derritió sus agendas personales y preparó a los hombres para actuar como una unidad. Eso es, en esencia, lo que es una célula: un grupo de personas que han dejado a un lado sus agendas personales para trabajar como equipo.

1. Servir
El primer principio de Jesús, en Juan 13, es servir. Los discípulos todos habían pasado por el lado de la palangana junto a la puerta, cada uno juzgando que él era demasiado importante para lavar los pies de los demás. Mientras conjeturaban sobre sus posiciones en el nuevo Reino, Cristo silenciosamente se apartó, y luego apareció junto a sus pies con su manto quitado y una toalla en mano.

Pedro estaba indignado y rehusó el servicio del Señor. Cristo le contestó: «Si no te lavare, no tendrás *parte* conmigo» (v. 8, énfasis añadido). La palabra «parte» en este versículo viene de la palabra griega *meros*, que significa «una división o porción». Jesús le decía en esencia: «Si no te sirvo, no somos consorcios». Toda asociación se basa primeramente en una disposición a entregar los derechos personales de promoción y mirar seriamente a las necesidades de otro.

Predicar sobre la virtud de servir a otros es importante, pero ¿cuántas personas practican lo que han oído? Preguntan: «¿Dónde y a quién sirvo?» Después de un poderoso sermón sobre el Buen Samaritano, ¿cuántos de nuestros miembros pueden identificar a la persona necesitada en sus vidas diarias? Nuestros sermones acerca del servicio impresionan y motivan, pero son impotentes si las personas no hallan un contexto constante en el cuál practicarlo. Con razón los cristianos se sienten solos e inconexos, aun cuando están rodeados de otros creyentes. ¡No tiene consorcios! La mayoría de los cristianos nunca han encontrado un grupo de personas a quienes pueden dirigir su plena atención y cuidado.

En el momento en que le sirvo (p.ej., le lavo sus pies), nuestra relación va a otro nivel: dejamos de ser personas que nos conocemos; ahora somos consorcios. El vecino que usted saluda en la calle es un conocido, pero en el momento en que usted le ayuda a cortar la grama, se mueven hacia un sentir de compañerismo.

Cuán desesperadamente nuestros miembros de iglesia necesitan un grupo de personas a las que puedan servir. En Bethany, servir a un miembro de la célula en sus momentos de estar en el hospital, pérdida o crisis personal, se convierte en un gozo para los miembros cuyos compañeros necesitan ayuda. Ya no se oye: «¿Quién se ofrece de voluntario para ayudar?» sino: «¡Uno de los miembros de mi familia espiritual tiene una crisis y tengo que estar ahí para apoyarlo! Una célula provee un ambiente natural en el cual podemos ser de bendición a otros.

Recuerdo a una familia que se había mudado a Baton Rouge y asistió a Bethany su primer mes en la ciudad. La familia aún no había ido a una célula cuando a la hija de 17 años le dio la enfermedad de Crohn y comenzó a perder tanta sangre que podía morir. El hospital llamó a Bethany a informarnos que nos habían inscrito como la iglesia de la familia. Inmediatamente se les asignó una célula. Por un mes, mientras la hija permanecía en cuidado intensivo, los miembros de la célula dieron sangre, cocinaron y limpiaron su hogar. ¡La célula se acercó mucho a la familia, y casi no hay que decir que cuando le dieron de alta a la hija, la familia había encontrado una iglesia!

2. Aliento

El segundo principio del consorcio que Cristo enseñó a los discípulos es el del aliento. En Juan 14.1, el énfasis de Jesús cambia de *servir* a *la esperanza*. Cuando notó su desaliento obvio al oír que se iba, Jesús dijo: «No se turbe vuestro corazón». ¿Cuántas familias conoce usted con el «corazón turbado»? Familias quebradas, desilusiones, fracasos o diagnósticos deprimentes de enfermedades pueden dejar abatido aun al cristiano más firme. Cristo era el supremo alentador. Movió el enfoque de los discípulos hacia el cielo (véase v. 2) la contestación de la oración (véanse vv. 13,14) y la venida del Espíritu Santo (véase v. 26).

Cuando los cristiano se juntan en los grupos, su mirada se eleva de lo deprimente a lo emocionante. Testimonios de victoria se cuentan, fracasos se confiesan y se entregan al Señor, dones espirituales operan y alientan. ¡Muchos cristianos sufren momentos de desaliento sin alguien que les conforte, pero el simple hecho de ver el rostro familiar de un buen amigo cristiano puede dar aliento! Un consorcio espiritual solda a las personas en una unidad familiar donde los miembros se ocupan de «estimular[se] al amor y a las buenas obras» (Hebreos 10.24).

3. Productividad

El tercer principio del consorcio que Jesús enseñó a sus discípulos fue el de la «productividad». En Juan 15, Jesús habla de *llevar fruto*: «No me elegisteis vosotros a mí, sino que yo os elegí a vosotros, y os he puesto para que vayáis y llevéis fruto, y vuestro fruto permanezca» (v. 16).

Después de 20 años de ministerio pastoral, he descubierto que las personas producen mejor en los grupos que solos. Si predico sobre el evangelismo, algunos evangelizarán esa semana y quizás la siguiente. Luego, cuando predico sobre un tema distinto, la congregación cambia su enfoque y procede al próximo énfasis. ¡Dejan de evangelizar! En los grupos, sin embargo, un ímpetu constante del evangelismo se mantiene por la metas espirituales del grupo.

La razón por este aumento de productividad es que los consorcios no simple añaden la labor de uno a la de otro. En los consorcios, el trabajo se aumenta de manera exponencial. Moisés preguntó: «¿Cómo podría perseguir una a mil, y dos hacer huir a diez mil?» (Deuteronomio 32.30). La producción de dos personas no es equivalente a sus esfuerzos contados juntos. Más bien, su «consorcio» causó una multiplicación. Algunas personas se refieren al fenómeno de esta multiplicación como *sinergía* (la suma del total es mayor que la suma de las partes).

Las personas en grupos relacionales tienden a poner metas y juntar sus energías para lograrlas. La NASA tiene una prueba famosa en la cual individuos reciben un papel con una lista de 15 artículos (hilo, una radio FM, un salvavidas y otros objetos). Entonces le dicen a los astronautas que están aislados en la luna a 200 millas de la nave espacial. Tienen que cruzar el terreno a pie, cargando solo algunos de los artículos con ellos. El objetivo de la prueba es que cada persona haga otra lista en orden numérico según la prioridad. Después de resolver el problema, cada individuo es asignado a un equipo para resolver el mismo problema. ¡Constantemente, los grupos producen una puntuación de 35 a 40 porciento más alta que los individuos!

Una ilustración muy graciosa de la inutilidad y falta de productividad que resultan de rehusar a ser consorcio de otros se encuentra en la siguiente historia tomada del libro de Dr. John Maxwell, *Desarrolle el líder dentro de usted*:

Las personas que ocupan posiciones de liderazgo, pero intentan hacer el trabajo solos llegarán, algún día, a la misma conclusión a la que llegó el albañil que quiso bajar doscientos veintisiete kilogramos de ladrillos desde la terraza de un edificio de cuatro pisos, hasta la acera. Su problema era que quiso hacerlo solo. Cuando llenaba un formulario para reclamar el seguro contra accidentes, explicó: «Me hubiera demorado mucho llevando los ladrillos en las manos, por lo tanto decidí ponerlos en un barril y bajarlo con una polea que había colocado en la terraza del edificio. Después de atar la cuerda firmemente al nivel del suelo, en la acera, subí a la terraza. Até la cuerda alrededor del barril cargado de ladrillos y lo dejé balanceándose sobre la acera para luego hacerlo descender.

»Entonces bajé a la acera y desaté la cuerda para ir soltándola lentamente para que bajara el barril. Pero como yo pesaba solamente sesenta y cuatro kilogramos, los doscientos veintisiete del barril me levantaron tan rápidamente que no tuve tiempo de pensar en soltar la cuerda. Cuando subía velozmente entre el segundo y tercer pisos me encontré con el barril que bajaba también velozmente. Esa es la razón por la que tengo golpes y laceraciones en la parte superior de mi cuerpo.

»Sostenido firmemente de la cuerda llegué hasta la terraza y mi mano se atoró en la polea. Por eso tengo roto el pulgar. Al mismo tiempo el barril dio con fuerza contra la acera y se desfondó. Ya sin el peso de los ladrillos, el barril pesaba apenas unos dieciocho kilogramos, de manera que mi cuerpo de sesenta y cuatro kilogramos inició un veloz descenso en el que me encontré con el barril que subía. Esa es la razón por la que tengo roto mi talón.

»Frenado solo ligeramente por el golpe, continué el descenso y aterricé sobre la pila de ladrillos. Esa es la razón por la que tengo torcida la espalda y rota la clavícula.

»Entonces perdí el conocimiento y solté la cuerda, y el barril entonces descendió con toda su fuerza cayendo sobre mí y haciéndose pedazos. Esa es la razón por la que tengo heridas en la cabeza.

»En cuanto a la última pregunta del formulario, "¿Qué haría si surgiera la misma situación otra vez?", les advierto que jamás trataré de hacer el trabajo solo».[1]

4. Proteger

El cuarto principio del consorcio se encuentra en Juan 16. La atención de Cristo se vuelve de *servir, alentar* y *producir* a «proteger». No quiere que los discípulos tengan tropiezo (véase Juan

16.1). «Tropiezo» viene de la palabra griega *scandalon* que significa «palo de trampa».

Muchos de nosotros como niños tuvimos una cajita de cartón que apoyamos con un palito que tenía un hilo amarrado en la punta. Poníamos migajas de pan que guiaban de un sitio hasta la caja y dejábamos un pedazo de pan ahí, esperando que algún pájaro inocente siguiera las migajas hasta la caja para que pudiéramos halar el hilo desde nuestro escondite. El palo de la trampa es el *scandalon*.

Cristo podía ver el peligro de que sus discípulos cayeran en una trampa espiritual. Cada cual tiene sus puntos ciegos, áreas de tentación que no vemos sin el discernimiento de otros. ¡Usted o yo pudiéramos estar siguiendo las «migajas de pan» ahora mismo y ni siquiera saberlo! El principio de la responsabilidad ha sido la base fundamental del movimiento de Cumplidores de Promesas y miles de hombre han encontrado la seguridad en la transparencia total. Estos hombres han comprendido que estar en grupos semanales de responsabilidad evita que los «altos pensamientos» de la tentación se conviertan en «fortalezas» de acciones pecaminosas.

> *Una familia espiritual, o una célula, provee un lugar seguro para que las personas sean abiertas y transparentes desde la primera señal de tentación: esto es un «mantenimiento preventivo» y no «control de daño».*

El consorcio espiritual ofrece «protección». ¡En iglesias más grandes, los cristianos con frecuencia son tentados, tropiezan y caen por semanas o meses antes de que alguien se dé cuenta! Para complicar más su condición, el enemigo les susurra: «Nadie te ha visitado desde que caíste ... nunca te amaron».

Una familia espiritual, o una célula, provee un lugar seguro para que las personas sean abiertas y transparentes desde la primera señal de tentación: esto es un «mantenimiento preventivo y no «control de daño». Reconocimos el beneficio de este principio en 1996 durante una discusión entre el personal de Bethany acerca de cuántas veces habíamos tenido que dar consejería para familias de la iglesia que se estaban divorciando. ¡Para nuestro asombro, solo encontramos una familia que fuera parte de las células que había llegado a divorciarse! Eso es demasiado, pero ni se acercaba a la cantidad que veíamos antes que las células estuvieran funcionando. Las células en realidad han formado un muro protector fuerte alrededor de creyentes tiernos y vulnerables.

Estos primeros cuatro principios del consorcio se pueden ilustrar bien con la manera en que los ánsares vuelan en formación en «v». ¿Por qué no vuelan solos? En primer lugar pueden tomar turnos volando en la punta donde la resistencia del viento es la más fuerte. ¡Los ánsares practican «servir» los unos a los otros! Segundo, porque pueden alentarse mutuamente. ¡La razón verdadera por la que los ánsares graznan es para exhortar a los que están cansados y avanzan con dificultad. Tercero, porque como grupo van rompiendo la resistencia del viento. Tienen un alcance de vuelo de 71 porciento mayor cuando vuelan en grupo que cuando vuelan solos. ¡Son más productivos, alcanzan sus metas con más rapidez y no tienen que trabajar tanto como cuando tienen que aletear solos! Por último, y más importante, se protegen. Cuando un ánsar es herido con una bala o se enferma y cae a la tierra, dos ánsares dejan la bandada y lo acompañan para velarlo desde una distancia. Si se recupera, esperan juntos por la próxima bandada que les pase por encima y se unen a ella. Lo que hubiera sido una horrible y solitaria caída se convierte en una victoria para el grupo. ¡Si tuviéramos tanto sentido común como los ánsares![2]

5. Orar

El último principio del consorcio que Jesús enseñó fue «orar». Su oración de sumo sacerdote en Juan 17 es una ilustración clásica de cómo interceder por los consorcios. En vez de orar por todo el mundo, Jesús le pidió al Padre que protegiera y prosperara a sus consorcios.

No podemos orar por todos con eficacia. Podemos, sin embargo, orar fácilmente por un grupo pequeño de creyentes por los cuales nos preocupamos mucho. El término «compañero de oración» ha cobrado un nuevo sentido en nuestras células a la vez que los miembros terminan cada reunión con oraciones personales, hacen caminatas de oración en la ciudad, dedican sus oraciones a apoyar a un pueblo y un misionero y oran juntos en otras maneras creativas.

Jesús dijo: «Otra vez os digo, que si dos de vosotros se pusieren de acuerdo en la tierra acerca de cualquiera cosa que pidieren, les será hecho por mi Padre que está en los cielos. Porque donde están dos o tres congregados en mi nombre, allí estoy yo en medio de ellos» (Mateo 18.19,20). ¡Eso sí es consorcio! Hemos descubierto que los creyentes cuyos nombres aparecen constantemente en nuestras tarjetas de oración en el culto principal han tenido victorias significativas cuando una célula los rodeó semanalmente y enfocó la oración en sus necesidades crónicas.

Estos cinco principios del consorcio nos dan un sólido patrón bíblico para equipos relacionales. En Bethany, no vemos nuestras células como «reuniones» sino como «consorcios». ¡Dios sabe que no necesitamos otra reunión! En un consorcio, sin embargo, las personas no «deciden» asistir a la «reunión» cada semana si estuvo buena la última semana … van a ver a sus compañeros. El resultado de esta actitud hacia la iglesia es poderoso, eficaz y eficiente.

¿«VOLUNTARISMO» O «RESPONSABILIDAD MUTUA»?

Una vez que la congregación ha descubierto el *poder* del consorcio, está lista para el siguiente paso: la *labor* del consorcio. La célula no solo va a tener una tarea, sino que será una parte de las tareas mayores de la iglesia entera. Este principio de labor mutua se ilustra hermosamente en el tercer capítulo de Nehemías. Nehemías 3 no cubre ninguna gran verdad teológica. Es solo un relato de quiénes reconstruyeron las diferentes secciones del muro de Jerusalén: familia por familia, sección por sección y puerta por puerta. En vez de insistir que TODOS los obreros trataran de construir TODO el muro, Nehemías asignó a cada familia una pequeña sección del muro para completar. De esta manera, ninguna familia hacía demasiado o muy poco. La tarea era evidente a todos y cada familia sintió una satisfacción personal terminando su sección asignada.

Salomón empleó el principio de la responsabilidad compartida cuando asignó una tribu cada mes para traer las provisiones a Jerusalén (véase 1 Reyes 4.7). Esa tribu trabajaba duro un mes y luego descansaba los otros once meses. Esta responsabilidad compartida rotativa hacía que el servicio en la casa del Señor se mantuviera especial y emocionante. Nuestra iglesia ahora ha entrado en este tipo de consorcio rotativo.

Bethany tiene 7 distritos compuestos de 14 zonas. A cada una de las 14 zonas se le asigna la tarea de ministrar 1 semana en la casa del Señor. Los miembros de esa zona sirven como ujieres, saludan, ayudan a estacionar los carros, ministran en el altar, trabajan en la sección de cuna, interceden y hacen cualquier otro trabajo durante los cultos de esa semana. Después, descansan por las próximas 13 semanas mientras otras zonas toman su lugar. ¡Por supuesto, tenemos un grupo central de fieles por vida que han servido en estas posiciones por años y que no pueden imaginarse sin servir en esa capacidad cada semana! Usamos cada zona para rodear nuestro grupo central de por vida para darles bastantes reclutas frescos cada semana. ¿El resultado? Nadie se quema: la labor sigue adelante con gozo mientras que todos tienen un turno para servir.

La iglesia Elim tuvo un impacto tremendo en nuestros pastores en 1993 cuando los enviamos todos a San Salvador en El Salvador para ver esta iglesia dinámica de casi 50.000 miembros y 4.500 células. ¡Los miembros entusiasmados corren a un tablón de anuncios cada domingo para ver si es su turno de servir como diáconos, ujieres otro obrero en la semana siguiente! Se reúnen anualmente como una congregación entera en el estadio más grande de la ciudad. Más de 1.000 autobuses llevan a la congregación masiva, cada autobús alquilado por una sección de células. Cada aspecto de la reunión fluye sin errores mientras las zonas realizan sus tareas.

Cada parte de un cuerpo debe mover y funcionar o las partes que no se mueven se atrofiarán. Nuestras iglesias gordas con frecuencia están llenas de observadores que ven al 15 porciento que lo hace todo servirlos semana tras semana. Cuando compartimos las responsabilidades, estamos fortaleciendo el cuerpo al darle a cada miembro un lugar para servir.

El concepto de la responsabilidad compartida vino a mí hace más de un año cuando recibí una llamada del fallecido Dr. Lester Sumrall. Su ministerio tiene un barco de carga llamado «Spirit» que regularmente entra a los puertos del golfo de Méjico para recargar para sus muchos viajes de misericordia a través del mundo. ¡Quería que fuéramos los patrones de la nave por los tres meses que estaría en el puerto de Baton Rouge y que le ministráramos a los 70 miembros de la tripulación! Una tarea como esa antes de tener células hubiera sido una pesadilla, ya que el poco entusiasmo se hubiera convertido en descuido y una disculpa diciendo: «hicimos lo mejor que pudimos».

Más bien, en un instante nuestro equipo asignó cada uno de los 70 miembros de la tripulación a una sección de células y les pedimos que fueran juntos a conocer a su «miembro de la tripulación». Los miembros de las células comenzaron a llevar a la persona asignada a ellos a las reuniones de célula. ¡Durante los 90 días, las células hasta se involucraron en remodelar la refrigeración y muchos otros sistemas del barco! Después de tres meses en el puerto, el Dr. Sumrall me envió un fax diciendo que en ninguno de los lugares que habían visitado los habían pastoreado tan bien como nosotros, y yo solo dediqué 10 minutos para organizarlo.

Esta es la belleza de la responsabilidad compartida. Cada uno hace un poquito de un trabajo enorme y la cantidad de labor se esparce entre muchas manos que hacen el trabajo rápido. ¡Le dije al Dr. Sumrall que no podía aceptar reconocimiento por el esfuerzo, ya que casi ni me di cuenta lo que estaban haciendo!

EL COMPAÑERISMO PASTORAL

Una vez leí la historia de una madre desesperada que perdió a su hija en un enorme campo de trigo. Muchas personas buscaron por horas y días individualmente tratando de encontrar a la niña. Finalmente, todos los que buscaban se juntaron y atravesaron el campo hombro a hombro, acre por acre, hasta que encontraron el cuerpo de la niña. Si los que dirigían hubieran comenzado la búsqueda trabajando juntos, es probable que la niña hubiera vivido. De la misma manera, el compañerismo preserva a aquellos que de otra forma quedarían ignorados en la iglesia.

Así como una célula individual descubre el compañerismo y esas células son parte de la obra de la iglesia, el equipo pastoral trabaja junto para guiar todo el rebaño. Algunos miembros no serán parte de una célula, así que elegimos usar una forma de distrito para el cuidado pastoral. Los que no están en un grupo son cuidados por el pastor del distrito donde viven. La meta es que la red no se rompa y que nadie se caiga entre las grietas.

El concepto de distrito simplemente significa que un pastor o grupo de pastores es responsable por ciertos códigos postales. Oficiales estatales y del gobierno han visto que esta es la mejor manera de cuidar de los ciudadanos. Para Bethany, el concepto de distrito es la «puerta del frente» de la iglesia. Como les explicaré en breve, los miembros no quedan encerrados dentro de un distrito solo porque viven ahí. Sin embargo, para dar seguimiento y asimilar, hemos hallado que el concepto del distrito es el más eficaz.

Las personas que se salvan en el altar en uno de nuestros cultos van directamente al «centro de toque» y a una oficina de distrito que supervisa los códigos postales de donde viven. La excepción sería si algunas de estas personas vinieron a la iglesia por medio de miembros que ya han tratado de ganarlos para Cristo y tienen una relación con ellos. En estos casos, el nuevo creyente sería dirigido hacia el distrito de su amigo donde el proceso de seguimiento comenzaría. El distrito es la entrada inicial para nuevas personas que tienen pocas o no tienen ninguna relación dentro de la iglesia.

El «pastor de zona» (uno de varios dentro de un distrito) también es responsable por aquellos miembros de la iglesia que no están en una célula pero cuyos códigos postales están dentro de su zona. El pastor de zona ofrece consejería, cuidado pastoral y visitas al hospital para un número asignado de personas en tándem con una célula que también es exhortada a tratar de alcanzar a esa persona. De esta manera, nadie se «pierde». Los recién convertidos y los que no son miembros de una célula son dirigidos inmediatamente al pastor correcto.

Dentro de cada zona y distrito, pueden formarse células homogéneas (basadas en afinidad y relaciones en vez de la geografía) que atraen miembros de otras zonas o distritos (más sobre esto en el capítulo 8). Los pastores no protegen sus «líneas» celosamente, sino que permiten que los creyentes tengan la libertad de movimiento que necesitan para encontrar el grupo que sea mejor para ellos.

Nuestros primeros tres años de ministerio celular fueron estrictamente geográficos. Sin embargo, ahora que nuestra estructura está establecida, tenemos la flexibilidad para mover. Lo que nos importa es que cada una de nuestras personas esté bien pastoreadas y que sepamos quien es responsable por ellos en caso de una crisis, no saber quién tiene «más» o «menos». Los matrimonios y los funerales también son realizados por el pastor de zona en esa área geográfica siempre que la persona o la familia no tengan una afinidad particular por otro pastor del equipo. «Responsabilidad y flexibilidad» son la meta, y los pastores trabajan juntos para hacerlo una realidad.

Dios está fortaleciendo la red. Su anhelo es poder enviar una «multitud de peces» a nuestros botes sin que estos comiencen a hundirse. La clave es el *consorcio*: «Entonces hicieron señas los *compañeros* que estaban en la otra barca, para que viniesen a ayudarles» (Lucas 5.7, énfasis del autor). ¿Estamos preparados para esa masiva cosecha? Las relaciones interconectadas en las células forman la «red» que puede aguantar los «pescados». Ya que hemos puesto la base del cuidado pastoral, ¡hablemos de como hacerlos entrar!

Notas

1. John C. Maxwell, *Desarrolle el líder que está en usted*, Editorial Betania, pp. 141-142.

2. John C. Maxwell, *Desarrolle los líderes que están alrededor de usted*, Editorial Betania, pp. 14-15.

capítulo 4

EVANGELISMO EN LA IGLESIA CELULAR

¿Qué pastor no tiene una pasión ardiente por ver personas inconversas llegar a la iglesia, manifestar un arrepentimiento verdadero, crecer en gracia y llegar a ser líderes? Los pastores presentan números impresionantes de «decisiones» en respuesta a la técnica más reciente para alcanzar a los perdidos; sin embargo, los métodos más ambiciosos de «seguimiento» por lo general solo conservan entre 2 y 5 porciento de los esfuerzos evangelísticos. Como pastor de una iglesia americana agresiva y creciente, confieso que yo también he probado muchos métodos de alcanzar a los perdidos.

Los esfuerzos de Bethany han incluido patrocinar un «Verano de Cosecha» en el que alrededor de 1.500 personas respondieron durante un verano a una invasión de casa en casa todos los sábados en la mañana. Celebrábamos «días grandes» en los que invitábamos a los perdidos a un culto estratégico; comprimos tiempo de horario caliente en la televisión para pasar especiales en cadenas locales con consejeros esperando líneas telefónicas; y presentamos dramas especiales y conciertos incluyendo presentaciones con levantadores de pesas cristianos. Todos estos métodos fueron productivos, pero la triste realidad es que les faltaba constancia. Cada esfuerzo nuevo requería mi «empuje» personal. La congregación parecía reflejar el patrón: un oleaje de entusiasmo seguido por una calma de relajamiento.

¡Una muestra de manos en las conferencias celulares por lo general revela que alrededor del 75 porciento de creyentes nacieron de nuevo no a través de un culto que visitaron, sino porque desarrollaron una relación personal con un creyente! La pregunta es entonces: ¿Por qué dedicamos la vasta mayoría de nuestro tiempo al "evangelismo" a través de actividades si las personas son más afectadas por relaciones personales?» Dentro de la respuesta a esa pregunta sencilla se encuentra la belleza del evangelismo celular.

CÓMO CRUZAR EL ABISMO DE LA INCREDULIDAD POR MEDIO DE CÉLULAS EDIFICADAS

Reconozco que hasta que oí del énfasis evangelístico de las células de El Salvador, no me interesaban las células. En un viaje a Méjico, me hablaron de una iglesia grande en El Salvador que tenía dos reuniones por semana: una de «edificación» (planificar y edificar) que usualmente se tenía los martes de noche, y una de «evangelismo» que se celebraba los sábados. A los miembros se les pedía los martes que dieran los nombres de las personas que traerían el sábado. Entonces en la noche del sábado, el mensaje y el método de la reunión era para los inconversos, y se formaban relaciones que resultaban o en una conversión inmediata o una relación que *crea puentes*. El siguiente martes, evaluaban la reunión de «evangelismo» del sábado anterior y hacían nuevos planes para el sábado siguiente. Se asignaban responsabilidades como la oración, adoración, hospitalidad y otras funciones necesarias.

Capté la visión, creyendo que en los EE.UU. la misma estrategia funcionaría. Sin embargo, sentí que en vez de dos veces a la semana, una reunión de una vez a la semana podría variar su formato en la misma manera, planificando y evangelizando en las semanas alternas. Por los últimos cinco años, nuestras células en

Bethany se han reunido de esta manera. La reunión de «planifica-ción y edificación» se dirige a suplir las necesidades de los creyen-tes, hacer guerra espiritual, desatar los dones espirituales y ense-ñar sobre la madurez espiritual. La lección de la semana siguiente se basa en una «necesidad percibida» (el divorcio, la soledad, la depresión, el ser padre, etc.), y los miembros de la célula invitan a sus amigos inconversos que puedan caer en esa categoría.

Esta estrategia alterna ha funcionado bien para Bethany, con casi 5.000 conversiones en ese período de cuatro años. Las frus-traciones con el seguimiento, la asimilación y la preservación del fruto nos ha motivado a desarrollar nuestra presente estructura de liderazgo y entrenamiento de discipulado.

Cada célula prepara una «tabla blanca» sobre una silla al co-mienzo de la reunión de edificación. Los nombres de los «tres candidatos más probables» para la salvación se escriben en la ta-bla. El grupo entonces pasa un tiempo orando por esos nombres y haciendo guerra espiritual para la reunión evangelística de la se-mana próxima. La tabla mantiene al grupo constantemente enfo-cado en las almas perdidas. Cuando alguien que está en la lista de la tabla se convierte, se quita ese nombre y se añade otro.

Obviamente, la tabla no se deja puesta la misma noche de la reunión evangelística. Es más, si un inconverso llega a una reu-nión de edificación, presentan a la persona al grupo como un «amigo». «Amigo» es una contraseña que indica que el nuevo no es salvo, ¡y la reunión se convierte a un formato evangelístico «sensible al que busca»! He visto a líderes de células diestramente convertir una reunión de alabanza, adoración, guerra espiritual, etc., en una sencilla discusión de un tema en el momento que un inconverso entra en una reunión de «edificación».

Nuestra iglesia ha dirigido su principal propaganda evangelís-tica en la ciudad a los grupos pequeños. Grandes vallas publicita-rias declaran: «La esperanza a su alcance…un grupo de toque Li-feline». Ponemos letreros enfrente de las casas que dicen: «Un grupo de toque Lifeline se reúne aquí… estamos aquí para us-ted». Otro letrero que dice «Esta noche» se cuelga la noche de la reunión. *Lifeline*, nuestro programa diario de dos minutos que aparece en las tres estaciones afiliadas a las cadenas, termina con un anuncio de treinta segundos que invita a todos a llamar para hallar el grupo de toque más cerca de sus casas.

Cuatro principios básicos del evangelismo

Bogotá, Colombia, nos ha dado la segunda gran estrategia del evangelismo en las células: el «principio de doce». Este principio se explicará a fondo en el capítulo 8, pero podemos resumirlo aquí diciendo que cada miembro de la célula recibe la visión de tener su propio grupo de 12 miembros y desarrollar a esos 12 miembros como líderes de células. Hasta la fecha, ¡algunos en Bogotá han crecido de 5 a 400 células en solo dos años!

Al estudiar las iglesias celulares más grandes del mundo, he descubierto cuatro principios básicos de evangelismo que todas tienen en común: *propósito, consorcio, oración y penetración*. Estos cuatro principios se deben enseñar una y otra vez a cada miembro de la célula para ayudar a mantener una «carga» de evangelismo que no crece y descrece.

Los cuatro principios se tipifican en las características de cuatro animales que se mencionan en Proverbios 30.24-28. Estas cuatro criaturas son «de las más pequeñas ... y ... son más sabias que los sabios». «El que gana almas es sabio» (11.30), y estos pequeños animales escondidos en el libro de los Proverbios nos muestran sabiduría que gana almas. El primero y más importante principio es el enfoque del «propósito».

El pasado, el pepino y el propósito

Recuerdo que estuve parado delante del culto dominical de la 1:00p.m. en la iglesia del Dr. Yonggi Cho, Iglesia del Evangelio Completo Yoido , en Seúl, Corea. Predicaba a unas 50.000 personas en lo que era solo uno de siete cultos dominicales. El santuario principal estaba repleto con 25.000 personas y las capillas auxiliares sentaban a otros 25.000.

Pensaba en cómo los coreanos han reconstruido su país después de la devastación de los 1950 a ser uno de los principales poderes industriales. Prediqué ese día sobre la «hormiga», pensando en cuán activos e ingeniosos los coreanos han llegado a ser para lograr sus metas: «Las hormigas, pueblo no fuerte, y en el verano preparan su comida» (30.25). La motivación, el propósito y la ingeniosidad de la hormiga son legendarios

Una vez oí que mientras Gengis Khan estaba escondido en un granero después de una derrota, su vida fue impactada por observar una hormiga. La hormiga, que estaba tratando de cargar algo muy pesado, intentó cruzar una tabla 71 veces (!), y cada vez se caía. Pero en su septuagésimo segundo intento, la hormiga lo logró. Gengis Khan decidió que si una hormiga podía tener tanta perseverancia que lograba lo que quería, él también podía. ¡Regresó y guió sus tropas a una gran victoria!

La hormiga es motivada a guardar comida durante los meses del verano. Cada día deja su hogar, buscando comida desesperadamente antes de que llegue el invierno. Si estas pequeñas criaturas huelen la comida de un inocente excursionista, ¡atacarán aunque sus enemigos humanos pesen cientos de libras más que ellas! Las hormigas saben que solo tienen un tiempo limitado para recoger la cosecha, y que el invierno será frío, mojado e inútil. Como la hormiga, los cristianos deben tener un «propósito» en ganar almas. Sin un propósito, su motivación disminuirá.

La gran iglesia Elim en El Salvador tiene casi 50.000 miembros y le ha enseñado a sus miembros la siguiente «Declaración del propósito quintuple», la cual es la visión del evangelismo para la iglesia:

1. **Tengo un propósito.** No estoy vagando por la vida sin rumbo o razón de existir.
2. **Mi propósito es ganar almas.** Este es mi llamado supremo y último en la tierra.
3. **Realizo mi propósito mejor en un grupo.** Llevo mi potencial al máximo con compañeros.
4. **Jamás estaré satisfecho hasta que realice mi propósito.** No hay pasatiempo, trabajo o relación que puede darme la satisfacción interna que me da alcanzar a los perdidos.

5. Mañana no es prometido. Debo trabajar mientras tenga la oportunidad porque no sé hasta cuando podré alcanzar a los perdidos.

Estas cinco poderosas declaraciones de *propósito* han llegado a dominar el corazón de cada creyente en la poderosa iglesia local de El Salvador. La experiencia del apóstol Pablo cuenta la misma dinámica intencionada. «Pero levántate, y ponte sobre tus pies; porque *para esto* he aparecido a ti ... para que abras sus ojos, para que se conviertan de las tinieblas a la luz, y de la potestad de Satanás a Dios; para que reciban, por la fe que es en mí, perdón de pecados y herencia entre los santificados»(Hechos 26.16,18 énfasis del autor). ¡Los creyentes en las iglesias norteamericanas deben despertar cada mañana con mayores propósitos que pagar las cuentas y desayunar en McDonalds!

Por cierto, ¡mi propio sentido de propósito fue confrontado en un viaje a McDonald's! Conduje mi camión por la parte de atrás del restaurante para recoger mi Big Mac en la ventana al costado. Con el propósito de comer mientras conducía, cuidadosamente desenvolví mi hamburguesa y entré al tráfico. De repente, después de la primera mordida, un pepinillo grande (empapado en mostaza) me cayó en el regazo. No pude evitar que esto me distrajera y traté de alcanzar una servilleta para quitarlo de mis pantalones limpios. Esa mirada momentánea hacia abajo hizo que mi carro se desviara a la otra carrilera, y cuando alcé la mirada, ¡vi un camión de 18 ruedas que venía hacia mí!

> *¡Los creyentes en las iglesias norteamericanas deben despertar cada mañana con mayores propósitos que pagar las cuentas y desayunar en McDonalds!*

Con rapidez volví a la carrilera correcta y con el corazón palpitante oí al Señor decir: «Lo que está pasando en el cristal es mucho más importante que lo que pasa en tu regazo». En otras palabras, aunque el pepinillo parecía importante, mi visión hacia el frente era crítica. ¡Muchos de nosotros nos concentramos en lo insignificante, lo vano y lo irrelevante mientras la visión mayor se ignora! Algunos se concentran en el **pasado** (espejo retrovisor), otros en el **pepinillo** (los detalles del presente) y otros en el **propósito** (ganar almas eternas). Él llamó este principio básico la «visión celestial»:

> Por lo cual, oh rey Agripa, no fui rebelde a la visión celestial, sino que anuncié primeramente a los que están en Damasco, y Jerusalén, y por toda la tierra de Judea, y a los gentiles, que se arrepintiesen y se convirtiesen a Dios, haciendo obras dignas de arrepentimiento (Hechos 26.19, 20; énfasis del autor).

Cristianos con un propósito tienen «visión» y, como la hormiga, entran cada día con un sentido de urgencia y motivación con los que «en el verano preparan su comida» (Proverbios 30.25).

El fuego interno de la «hormiga» debe juntarse con la sabiduría del segundo animal, el conejo, que obtiene su fuerza por medio de sus asociaciones: «Los conejos, pueblo nada esforzado, y ponen su casa en la piedra» (v. 26). La sabiduría del conejo nos conduce a la aplicación de una segunda gran verdad para el evangelismo en las células: «El principio del compañerismo».

EL COMPAÑERISMO CON UN PROPÓSITO PROMUEVE LA PROTECCIÓN

Hablamos de la enseñanza de Jesús sobre el consorcio detalladamente en el capítulo 3. La sabiduría del conejo, sin embargo, derrama luz adicional sobre el evangelismo productivo en grupos. El conejo es un animalito tímido que se refugia silenciosamente en la seguridad de enormes rocas cuando es amenazado. La fuerza del conejo no se encuentra en sus «habilidades», sino en sus «asociaciones». Permítame ilustrarlo: si yo estuviera recostado en la playa y un matón de 280 libras pateara arena en mi cara, ¡lo más probable es que yo actuaría como si ni me hubiera dado cuenta de su asalto! Pero, si tuviera a Evander Holyfield y a Reggie White parados junto a mí, me sentiría tentado a preguntarle al matón, «¿Tiene un problema, o busca uno?» Mi fuerza no está necesariamente en mi habilidad sino en mis asociaciones.

El consorcio trae confianza: «Cumplo mi propósito mejor en un grupo». El grupo es un ambiente de amistad y evangelismo en el que los no creyentes pueden ser presentados a cristianos «normales» y ver una presentación del evangelio en la vida del creyente. Tal ambiente inmediatamente barre con el mito de que «Los cristianos no tienen amigos», o que todos son tipos extraños y aburridos. Los inconversos experimentan una atmósfera sincera y seria donde sus necesidades más profundas se pueden discutir y recibir una ministración amorosa.

Los cristianos se atreven a invitar a un inconverso más a una casa que a la iglesia. Cuando la comunidad se ha formado entre los miembros de la célula, todos confían implícitamente en los demás para tener un impacto evangelístico en los familiares, compañeros de trabajo y vecinos que protegen con tanto cuidado.

En un ambiente de tanta confianza, los «conejos» tímidos se desaparecen entre las «rocas» seguras que son los miembros más maduros de la célula. No tienen que ir a tocar en las puertas y presentar encuestas evangelísticas. Simplemente invitan a los inconversos a conocer a sus amigos.

Muchas de nuestras células evangelísticas son en comidas. Los asados, las hervidas de cangrejos de río (incomibles para los que no son de Louisiana), y otros eventos culinarios derriban las defensas y abren puertas amplias en aun los corazones más réprobos. Los tímidos «conejos» se emocionan al tener un lugar donde sus familiares y amigos inconversos serán impactados tremendamente con el amor del cristianismo genuino. ¡Las discusiones en grupo que incluyen un *rompehielos*, *lección* y *aplicación* todas se dirigen hacia el inconverso para producir un ambiente perfectamente seguro!

El principio del consorcio en el evangelismo significa también que los 12 miembros de la célula tendrán sesiones creativas para desarrollar actividades evangelísticas. Una de nuestras células distribuyó cestas de navidad en el complejo de apartamentos donde se reunía y tuvieron 12 decisiones para Cristo en una tarde. Otro grupo recogió útiles escolares para patrocinar una distribución gratuita de útiles escolares en todo el vecindario. ¡Ciento veintiséis personas llegaron a la célula y muchas fueron salvas! GRANDES IDEAS salen del consorcio, y creyentes que antes eran esporádicos e infructuosos de repente se ven continuamente motivados.

El tercer animal de Proverbios 30 es la langosta. En el aire, millones de langostas casi pueden ocultar la luz del sol. ¡Controlan la atmósfera! Joel describe el gran «ejército de langostas» como un ejército que camina de hombro a hombro e «irán por la ciudad, correrán por el muro (Joel 2.9). Qué ilustración más perfecta de un ejército no tradicional, sumamente preciso, que demuestra el tercer principio del evangelismo: el «principio de la oración».

LA ORACIÓN: LA DESTRUCCIÓN DE LA RESISTENCIA ESPIRITUAL

La destrucción de la resistencia espiritual es vital para ganar almas. Jesús dijo que la visión de Pablo se realizaría cuando «se conviertan de las tinieblas a la luz, y de la postestad de Satanás a Dios» (Hechos 26.18). Mucho se ha escrito sobre la guerra espiritual, pero la realidad es que las células deben ser las primeras en *generar un avivamiento, y luego* contenerlo.

Las iglesias celulares mayores han ofrecido millones de horas de guerra espiritual enfocada por los perdidos. Los creyentes en una célula hallan que sus sueños para el evangelismo se realizan cuando se unen en oración y ayuno por los perdidos.

Uno de mis mejores amigos en el ministerio es nuestro antiguo pastor de jóvenes, Ted Haggard, pastor de New Life Church en Colorado Springs, Colorado. Cuando Ted llegó a Colorado Springs en 1985, solo había si acaso un puñado de iglesias significantes. Los pastores estaban desalentados, las iglesias no impactaban a la cultura y más de 200 asambleas de brujas abiertamente eran dueñas de negocios.

Ted y su pequeño núcleo de intercesores se reunían en el sótano de su casa y comenzaron a hacer guerra espiritual «in situ con intuición» alrededor de los negocios. Hasta oraron sobre el monte Cheyenne donde se ofrecen sacrificios de brujería, rompiendo esas maldiciones sobre la cuidad. (Para más detalles, véase el gran libro de Ted, *Primary Purpose* [Propósito Principal], publicado por Creation House.) Los resultados han sido asombrosos. En solo 12 años, Ted ha levantado una iglesia con 6.000 en asistencia los cultos dominicales. Alguien antes nombró a Colorado Springs «el cementerio de iglesias», pero en los últimos años, más de 100 ministerios cristianos se han mudado a esta ciudad de todas partes de Norteamérica. ¡Hoy con frecuencia dicen que Colorado Springs es el «Wheaton del oeste»! La oración ha unido a los pastores, ha causado que las iglesias simultáneamente crezcan por medio de conversiones y ha retado al mundo en cuanto a las misiones a través del movimiento A.D. 2000.

Los resultados de este tipo de disciplina espiritual a través del mundo son convincentes. Por ejemplo, en Bogotá, cada miembro de las células realizan un ayuno con solo líquido los primeros tres días de cada mes y luego un ayuno de un día cada semana (hasta la cena de la noche). Como un grupo, los miembros de cada célula ayunan por 10 días consecutivos una vez al año y ¡participan en un ayuno de 40 días que dura cada día hasta la cena de la noche! Esta entrega al ayuno y la oración literalmente está rompiendo las fortalezas sobre Bogotá y ¡hay regiones geográficas de la ciudad que ya se han «conquistado» espiritualmente!

La misma clase de atención se da a la oración y el ayuno en Coréa. Los días comienzan en Seúl con miles de reuniones matutinas que se realizan en casi todas las iglesias. Varias denominaciones tienen enormes «montes de oración» como facilidades en las que miembros van a orar y ayunar. Individuos y células van a los montes de oración y ayunan hasta 40 días, orando día y noche en pequeñas grutas de oración que miden a penas cinco por tres pies con una altura de cuatro. ¿Le sorprende a alguien que las congregaciones más grandes de todas las denominaciones principales están en Seúl?

Da la misma manera, hemos retado a cada miembro de las células de Bethany a evangelizar primero orando y ayunando. Uno de nuestros líderes hace poco testificó que su célula no había multiplicado en 18 meses. Después de tratar todos los métodos de evangelismo celular, el grupo seguía sin éxito. Durante los primeros tres meses de 1997, el grupo comenzó a orar y ayunar. El resultado: ¡siete nuevos creyentes todos nacieron de nuevo en las reuniones de la célula! Nuestros estudios de las células de Bethany constantemente demuestran que los grupos que se concentran en orar y ayunar constantemente ganan almas mientras que los que no lo hacen se estancan y con frecuencia desaparecen.

En febrero de 1996, nuestras células tuvieron cuatro fines de semanas sucesivas de caminatas de oración. El primer fin de semana nuestros grupos caminaron alrededor de varias escuelas públicas. Algunos de los directores fueron notificados de la caminata y algunos de estos invitaron a miembros a caminar por los pasillos y orar sobre los cajones con llave de los estudiantes. Poco después, la junta escolar llamó y pidió permiso para tener su convocación anual de 5.000 maestros en nuestra iglesia. La reunión fue televisada en vivo en las estaciones de las redes nacionales! Ahora entramos para renovar las escuelas públicas cada mes. Dios nos ha dado gran favor como resultado directo de la oración.

El segundo fin de semana lo pasamos caminando alrededor de 500 iglesias en la ciudad, pidiendo bendiciones. Miembros de las células visitaron como individuales a estas iglesias el domingo siguiente para informar a los pastores de su amor y sus oraciones. Algunos de nuestros miembros ¡fueron invitados a enseñar sobre la oración en sus Escuelas Dominicales!

El tercer fin de semana, nuestros miembros caminaron alrededor de los «lugares altos» de Baton Rouge: clínicas para abortos, casinos, establecimientos para leer palmas, librerías pornográficas y otros lugares donde existían fortalezas demoníacas. Muchos no salieron de sus autos en los lugares, pero oraron como grupos dentro de ellos.

Durante las últimas semanas, miembros de las células caminaron alrededor de los edificiones de la policía, la junta escolar y todos los miembros del equipo escolar que estaban ahí. Clamamos a Dios pidiéndolo que avivara y abriera puertas entre los oficiales elegidos. Cuando los creyentes desarrollan un sentir de *propósito* y *consorcio*, producen una «oración» eficaz. Los resultados de esta oración se describirán en el último principio del evangelismo en las células, tipificado por la araña: el «Principio de la penetración».

PENETREMOS LA OSCURIDAD CON PROPÓSITO, CONSORCIO Y ORACIÓN

¿Ha recibido en alguna ocasión la visita no invitada de una araña? Lo más probable es que encontró un hoyo pequeño en su pared, ¡y quizás se ha pasado dos semanas ahí disfrutando del aire acondicionado antes de que usted la descubriera! A la araña no le interesa ni el prestigio ni la posición: un hoyito, y entró. «La araña que atrapas con la mano, y está en palacios de rey» (Proverbios 30.28). Así cómo la araña, cuando comenzamos a concentrarnos en la Gran Comisión como un Cuerpo unido, buscando con mucha oración la manera de llevar el amor de Cristo a los palacios, y Dios abrirá ese camino.

Dios está penetrando las tinieblas del mundo por medio del evangelismo celular. En Noviembre de 1995, en nuestra convención anual de misiones, el pastor Donald Matheny de la iglesia Faro de Nairobi en Nairobi, Kenya, presentó una imagen poderosa de cómo el Señor está usando el evangelismo celular para transformar África. Esta gran iglesia tenía 1.500 miembros cuando sus líderes primero llegaron a Bethany en Junio de 1994 para estudiar nuestras células.

En agosto de 1994, el Faro de Nairobi lanzó sus células, y para agosto del 97 (solo tres años después). Sus 450 células estaban ganando un promedio mensual de 350 personas al Señor *en las células*. La iglesia ha crecido a tener más de 3.500 miembros. Se reúnen en un gran estadio sin techo los domingos por la mañana, y ha superado a Bethany tanto en visión como en motivación para ganar almas.

El mensaje del pastor Matheny para nosotros en nuestra convención anual de misiones se basó en Lucas 5: «Y entrando en una de aquellas barcas... [se sentó]» (v. 3, adaptado por el autor). Matheny dijo que sus células aprendieron el secreto del evangelismo celular estudiando la manera en que Cristo respondió a la indiferencia de Pedro. Pedro simplemente «lavaba sus redes», sin deseo de oír a Cristo predicar en la playa. En vez de esperar que Pedro se uniera a Él, Cristo fue a Pedro y le pidió permiso para entrar en la barca. La «barca» de Pedro, explicaba, era su «mundo». Todo en su vida giraba alrededor de esa «barca». El secreto del evangelismo, señaló, es entrar en la «barca» de alguien y «sentarse».

Los miembros de las células en el Faro de Nairobi ofrecen vaciar la basura de personas que viven en colonias cercanas, informándoles a los residentes que los miembros de la célula estarán pasando cada domingo en la tarde e instruyéndoles que dejen la basura en la curba para recogerla. Servicios públicos de la cuidad han fallado y permiten que estos montones de basura se acumulen, pero estos siervos cristianos entran al mundo de los perdidos al amontonar la basura hedionda en carretillas y llevársela. En una colonia, ¡30 residentes asistieron a la primera reunión celular después de una semanas de observar a los miembros de la célula sacar la basura para ellos!

El evangelismo tradicional es principalmente una invitación a venir y meterse «en nuestras barcas». El evangelismo celular, sin embargo, es descubrir los intereses y necesidades de los incrédulos y entrar al mundo de esas personas. Los creyentes son retados a ser «arañas», penetrando el mundo en el que el inconverso se siente más seguro. Cada interés que un inconverso exprese (que no sea pecaminoso) se ve como un hoyito en la fortaleza de esa vida. La araña agresivamente penetra ese mundo, sirviendo y ministrando en todas las maneras posibles.

Muchos de nuestros grupos han penetrado el mundo de los estudiantes internacionales de nuestra universidad estatal local, invitándolos a las células para «cenar». Cuando el estudiante internacional llega a la reunión de célula, ¡encuentran su bandera colgada en la pared, una cena de siete platos de su comida nativa y música de su patria en el estéreo! Su mapa nacional está sobre la mesita baja donde todos se reúnen después de la cena. Los miembros tratan de estimular la relación preguntándole al estudiante sobre su cultura y religión. El ambiente es uno de intercambio cultural. ¡Las arañas están entrando! Al penetrar su mundo, ¡las arañas con frecuencia pueden comenzar una célula homogénea en el campus con estos estudiantes!

El campus es solo uno de los muchos lugares en los que las arañas de Bethany han encontrado una entrada. «La araña ... está en palacios de rey» ... y en las mansiones de gobernadores. Durante un ayuno de 21 días que hizo toda la iglesia, mi esposa y yo sentimos que la mansión de nuestro gobernador estaría abierta al evangelio. En 10 días, el gobernador llamó a mi oficina después de ver nuestro programa de dos minutos *Lifeline* en la televisión. ¡Me pidió que fuera y enseñara el trasfondo histórico de la Biblia a él y 10 de su equipo personal!

Esa enseñanza ahora se ha convertido en un estudio bíblico y sesión de oración semanal que, hasta la fecha que escribo, ha continuado por nueve meses. Cada miércoles, nos reunimos alrededor de la mesa de desayuno del gobernador para orar después de nuestro estudio. Esta reunión tiene una verdadera dinámica «celular», y mientras tanto el grupo parece haber aprendido mucho acerca de la Biblia.

Los miembros de las células deben aprender a *penetrar*. Deben ser motivados a usar la célula como una manera de llevar a los amigos y parientes no salvos a Cristo, creyendo que: «Soy un misionero. Estoy en una empresa evangelística, y mi célula será el medio por el que alcanzaré a los perdidos». La célula es el medio más poderoso para testificar del evangelio hoy.

Cuando los creyentes captan la visión celular, ¡hay una explosión interna! Algo que llamo «la unción para multiplicar» toma el control, y llegan a ser increíblemente innovativos e involucrados. *Propósito, consorcio, oración y penetración* son las llaves que abren la creatividad en creyentes y las mentes de los incrédulos. El resultado es la «multiplicación». ¡Analizemos esta «unción para multiplicar» para ver cómo ha ayudado a nuestras células a mantener una visión de crecimiento!

capítulo 5

FRUCTIFICAD
Y MULTIPLICAOS

Escribo este capítulo acabando de asistir a la Conferencia de Igle-crecimiento de 1997 organizada por el Dr. Yonggi Cho en Seúl, Corea. No siendo desconocida por ningún pastor a través del mundo, la Iglesia Yoido del Evangelio Completo del Dr. Cho es desde hace mucho la iglesia más grande en el mundo. Sus líderes celulares, casi todas mujeres, han puesto metas increíbles y han cosechado enormes cantidades de fruto evangelístico.

Un líder en la iglesia del Dr. Cho recibió un premio por ganar 365 *familias* en un año … ¡una familia por cada día del año! Como todos sabemos, una abundancia de tal fruto como ese es casi inaudito en nuestra cultura estadounidense. Sin embargo, *todos* somos llamados a este tipo de productividad.

La multiplicación es un principio bíblico. En Génesis 1.28, el primer mandamiento que el Señor le dio al hombre creado por Él fue: «Fructificad y multiplicaos; llenad la tierra, y sojuzgadla». No solo vemos los resultados de este mandato en Génesis 1; sino que lo hallamos también en Éxodo 1.7: «Y los hijos de Israel fruc-tificaron y se multiplicaron, y fueron aumentados y fortalecidos en extremo, y se llenó de ellos la tierra». Aparentemente, «cuanto más los oprimían [los egipcios], más se multiplicaban y crecían» (Éxodo 1.12).

Satanás teme la multiplicación. Él esta perfectamente satisfecho si nos tiene calentando los bancos de la iglesia y mirándonos los unos a los otros semana tras semana mientras nuestras ciudades degeneran en zonas de guerra y nuestros jóvenes se matan a balazos por un par de zapatos deportivos. Pero se enfurece cuando desarrollamos una visión y una estrategia para establecer un «faro» evangelístico en cada barrio dentro de nuestra región. ¡Nada provoca la guerra espiritual más que cuando los cristianos se juntan para concentrarse en los perdidos! Afortunadamente, cuando el Cuerpo se une, la guerra solo hace que se produzca una multiplicación mayor.

> *¡Nada provoca la guerra espiritual más que cuando los cristianos se juntan para concentrarse en los perdidos! Afortunadamente, cuando el Cuerpo se une, la guerra solo hace que se produzca una multiplicación mayor.*

La iglesia primitiva experimentó este principio de multiplicación en acción y vio que «crecía la palabra del Señor, y el número de los discípulos se multiplicaba grandemente en Jerusalén» (Hechos 6.7). Una multiplicación rápida y ungida ocurrió cuando «todos los días, en el templo y por las casas, no cesaban de enseñar y predicar a Jesucristo» (Hechos 5.42). ¡Actividades públicas y reuniones de células en los hogares crearon un ritmo dinámico que introdujo miles al Reino de Dios! ¿Cuál es este principio de multiplicación y cómo lo hacemos público?

LAS ETAPAS DE LA MULTIPLICACIÓN CELULAR

Comencemos con un vistazo biológico de las células humanas, y comparemos su proceso de multiplicación con el de las células espirituales. En ambos casos, ciertos elementos tienen que existir para que la célula pueda continuar al próximo nivel y llegar a formar dos células.

Lo que voy a describir es la multiplicación celular «tradicional», el proceso por el que una célula crece de unos 5 a 15 miembros y crea dos células distintas. Este proceso ha funcionado bien en Bethany por los últimos cuatro años, pero ahora hemos descubierto que la multiplicación puede ocurrir casi exponencialmente por medio del «principio de los doce» (que se discute detalladamente en el capítulo 8). La multiplicación «tradicional» es la que se practica en la mayoría de las iglesias celulares alrededor del mundo, y una buena descripción funcional les será muy útil.

Etapa uno: Aprender

La primera etapa es la de «aprender». En una célula biológica, la multiplicación celular comienza cuando los cromosomas empiezan a «juntarse» en vez de flotar solos en la célula.

Este «apareamiento» es en realidad un «consorcio», el proceso por el cual los creyentes se conocen más íntimamente y desarrollan lazos de amistad. Llamo a esta etapa la de «aprender» porque en este primer mes o dos de la célula, ocurren muchos intercambios superficiales entre los miembros: historias de trasfondo, testimonios personales y otras cosas. La anticipación del futuro de la célula y los beneficios que esta proveerá estimulan mucho el interés.

Durante esta etapa de aprendizaje en el desarrollo de una célula, enfatizamos la parte del «compañerismo» (bocadillos y refrescos que se sirven en los primeros 20 minutos) y las «dinámicas» en la reunión. ¡La comida es muy importante al principio de cada reunión! Todos pueden contribuir trayendo papitas o galletitas o refrescos. Comer juntos es una manera segura de crear la intimidad. Alguien dijo que hasta un hombre de 140 kilos puede esconderse detrás de una taza de café.

Poco a poco, la reunión se convierte en un tiempo de compañerismo cuando el grupo se sienta discutiendo un tema «dinámico». Este puede ser a través de una pregunta divertida que no incomode y que cualquiera pueda contestar con facilidad: ¿Cuál es un sueño extraño que ha tenido toda su vida? ¿Qué tipo de carro conducía cuando recibió su primera licencia? El tiempo que utilicen para esta discusión nunca debe ser profundamente serio, solo sencillo y divertido. A la vez que los miembros del grupo profundizan su conocimiento los unos con los otros, el tiempo de la discusión puede cortarse a unos cómodos 15 minutos. La etapa de «aprender» termina después de unas pocas semanas y la siguiente etapa llega casi imperceptiblemente.

Segunda etapa: Amar

La segunda etapa a la que entra el grupo es la que llamamos la etapa de «amar». En una célula biológica, los cromosomas apareados ahora forman un eje de norte a sur en el que se juntan en gran proximidad.

En vez de flotar libremente en el citoplasma, los cromosomas llegan a una posición de orden y asociación. En un grupo celular, la novedad esta menguando y las personas están comenzando a

experimentar conflictos. ¡Uno nunca sabe cuánto ama a las personas hasta que se acerca a ellas! Alguien ha dicho que uno puede sobrevivir con los inconversos, pero ¡esos cristianos van a matar a uno!

La alineación interna puede ocurrir dentro de la célula a la vez que los valores de las personas chocan y son reevaluados los niveles de su dedicación. Es casi como que la célula pasa por una «crisis de identidad» al tener que redefinir la pregunta: ¿Por qué soy parte de este grupo? Este tiempo de introspección es bien parecido al que atraviesan los recién casados una vez que termina la luna de miel y la realidad del compromiso es aparente. Para los estadounidenses, este primer nivel es con frecuencia especialmente difícil porque vivimos en una generación «sin compromiso». Después del segundo o tercer mes, esta etapa también debe haberse terminado y los miembros comenzarán ahora a entrar en la tercera etapa.

Tercera etapa: Vincular

El grupo emerge fortalecido y más dedicado a realizar su meta de multiplicar en la etapa tres. Las personas comienzan a definir sus *papeles, metas* y expectativas. La mayoría de los conflictos se pueden resolver, aun en una familia, con una comunicación fresca de los *papeles* y las *metas*. Cada miembro comienza a desempeñar un papel en particular en la realización de la reunión. En una

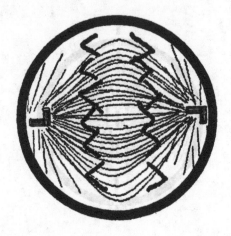

célula biológica, los cromosomas apareados se mueven desde una posición de norte a sur a una de este a oeste.

Los cromosomas apareados ahora se han vinculados en la posición que ocuparán cuando se multipliquen.

Una célula también debe tener un sentido redefinido de responsabilidad personal: «Este es MI grupo, y sin mi ayuda y participación esta célula no tendrá éxito». Ahora, los miembros del grupo tienen un sentido de posesión: algunos dirigen la música, otros ayudan con la hospitalidad, otros expresan un interés en interceder por el grupo, pero todos participan en algo. El período de lucha interna y de determinar la jerarquía social básicamente ha terminado para el tiempo que llegan a la tercera etapa, y el grupo ahora está concentrándose en lograr sus objetivos. El grupo esta formando una «comunidad» con éxito.

Cuarta etapa: Lanzar

Ahora llega la etapa emocionante: «lanzar». En la célula biológica, los dos extremos del «ecuador» de la célula comienzan a partirse y a extenderse hacia afuera.

¡Este tirón hacia afuera causa finalmente que la célula se convierta en dos! Al fin, después de tres o cuatro meses de *aprender, amar* y vincular, la célula llega a su momento más fructífero. Los miembros se aman mutuamente y confían los unos en los otros lo suficiente para invitar a sus amigos y parientes a venir a experimentar el sentir

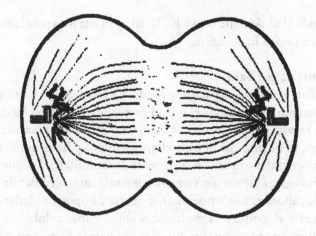

de comunidad que prevalece entre los miembros. La estructura de Bethany incluye una lección «evangelística» cada dos semanas (utilizando el concepto prestado de El Salvador como se describe en el capítulo 4).

Aunque el crecimiento ha ocurrido en teoría durante los primeros tres meses, comienza con más fervor cuando se concentran en el evangelismo. Muchos avances divertidos comienzan a ocurrir a la vez que los miembros organizan eventos de alcance creativos, parrilladas y proyectos de servicio a la comunidad. Durante el cuarto y quinto mes, el grupo crece gradualmente. La oración, la intercesión y la planificación son fuertes y robustas en las semanas alternas cuando planifican el evangelismo. El grupo siente que se está acercando a la meta de multiplicación cuando esta se convierte en planes y sus planes se convierten en acciones.

Esta cuarta etapa de lanzar se puede comparar fácilmente con el crecimiento de un niño cuando pasa por la adolescencia. El niño pasa por la etapa de «aprender» (de 1 a 5 años) a la de «amar» (de 6 a 9) en la que mucha supervisión y disciplina son necesarias a la vez que chocan los valores. Para el tiempo en que el niño tiene 10 o 12 años, ya debe comenzar a «vincular» cuando el papel del niño en la familia se define claramente en todo, desde los deberes hasta las tradiciones familiares. Ahora, cuando comienza la adolescencia, el joven esta listo para el tiempo de «lanzar»: licencia de conducir, las citas románticas, eventos atléticos y crecimiento en el ministerio.

Cuando el adolescente llega a los 18 años, ya esta listo para la emocionante etapa final: «salir».

Quinta etapa: Salir

Durante la cuarta etapa, un aprendiz o «Timoteo» se ha estado preparando para dirigir el grupo nuevo. Esta persona ha dirigido la reunión por lo menos cuatro veces, tiene su familia en orden, tiene una visión para el grupo nuevo y ha completado el entrenamiento para líderes (véase el capítulo 6). Lo que en un momento fue un pensamiento intimidante, ser líder de un grupo, ahora es una emocionante puerta de oportunidades. Al acercarse el grupo a la multiplicación, algunas células en reproducción se reúnen durante el tiempo de la plática en cuartos separados con el nuevo asistente. Esta reunión preliminar le da al grupo una idea de cómo serán las dinámicas que experimentarán cuando se reúnan como una célula aparte, pero en la *seguridad* del grupo original.

La multiplicación en sí puede ser una experiencia emocionante. Muchos grupos celebran una «fiesta de multiplicación», un gran evento al que asiste el pastor de zona, miembros de la iglesia que aún no están en una célula y hasta inconversos. Primero, el grupo tiene un tiempo largo de comida y compañerismo. Luego, el pastor y el líder de célula se sientan con el grupo para explicar la visión de lo que está pasando esa noche. Como el grupo está siendo multiplicado por el líder y el pastor respetando las relaciones establecidas, las personas que han traído a otros al grupo (amigos, parientes y personas conocidas) no serán separados de estas en el proceso de la multiplicación. ¡La preservación de estos lazos de relaciones hace que fluya bien el proceso de la multiplicación y que todos estén contentos!

La multiplicación puede ser difícil, por el simple hecho de que fuertes relaciones se han formado durante el ciclo de seis meses. Por lo tanto, para separar esas relaciones con éxito, el plan de la multiplicación se debe discutir con el liderazgo de antemano. Es importante que todos los miembros entiendan la visión. Una célula es como los padres que se regocijan al ver nacer a un niño y que llega a ocupar su posición en el liderazgo.

La iglesia de Bogotá tiene una solución única para los «dolores» de la multiplicación. Como veremos en el capítulo 8, el «principio de los doce» enseña que el nuevo líder sigue asistiendo a la célula original por un tiempo indefinido para reunirse con su líder anterior 30 minutos antes de que comience la reunión para ser discipulado y recibir aliento. Por lo tanto, el nuevo líder está en una célula en la que ministra mientras que en otra es ministrado. La mayoría de los sistemas que multiplican células no incluyen una continuación del discipulado para los líderes que nacen en las células, pero creemos que este seguimiento mantiene al Cuerpo unido y alimentado.

Cualquiera que sea el método de multiplicación, el enfoque es igual: proveer una manera de producir «hijos» espirituales que puedan ser criados para reproducir más hijos espirituales. En una publicación reciente, *Natural Church Development: A Guide to Eight Essential Qualities of Healthy Churches* [El desarrollo natural de iglesias: Una guía con ocho cualidades esenciales de iglesias saludables], por Christian A. Shwarz, una encuesta de 1000 iglesias en 32 naciones reveló ocho grandes principios de iglecrecimiento. Con una base de datos con 4.2 millones de respuestas, su conclusión es que el principio más destacado del iglecrecimiento es «la multiplicación de grupos pequeños».[1] Esto nos provee la primera prueba «científica» de lo que el Señor me dijo en 1993: Los estadounidenses debemos cambiar nuestra estructura para acomodar el avivamiento mundial venidero. Los creyentes deben entrar en relaciones los unos con los otros al *aprender, amar, vincular, lanzar* y *salir.*

LA IGLESIA DE CAMPEONES

Las publicaciones seculares de negocios confirman que uno de los ocho principios principales de los negocios de éxito estadounidenses ha sido dividir las grandes corporaciones en unidades pequeñitas, cada cual con una meta, un reto y un sentido mensurable de progreso.[2] Los creyentes estadounidenses, acostumbrados a sus grandes reuniones, con frecuencia asumen que no es posible que algo suceda en un grupo pequeño de 6 a 15 personas.

Sin embargo, lo opuesto es cierto. Desarrollan una camaradería que, cuando se motiva correctamente, los enfoca a cumplir la visión de la multiplicación. Reunirnos en Bethany ya no es un «deporte de espectadores» al que los miembros vienen solamente los domingos para observar; son alentados a ser lo que la comunidad del negocio llama «campeones».

Un campeón es un individuo dentro de una corporación que tiene la libertad de experimentar (dentro de sus límites) con una nueva idea que puede beneficiar enormemente a la compañía. Nuestros líderes de células, líderes de secciones, pastores de zona y de distrito todos tienen la libertad de «abrir células». Sea por medio de la multiplicación tradicional o «sembrando» células homogéneas(véase el capítulo 8), el grupo no tiene barreras para lograr su meta de comenzar células nuevas. Esta es una gran tarea, y nuestros miembros han aceptado el reto con vigor.

«Fructificad y multiplicaos». Con una frase sencilla, Dios estableció el patrón para su obra. *Aprender, amar, vincular, lanzar* y salir son el patrón para la multiplicación de células humanas y espirituales. Si seguimos ese patrón, sin duda que el crecimiento y la multiplicación seguirán. Nuestra meta principal, por lo tanto, debe ser desarrollar líderes que faciliten esa multiplicación. Recuerde: No se concentre tanto en la *asistencia* de la célula como en el desarrollo de los líderes. Cuando los líderes están adecuadamente entrenados y motivados, ¡ellos harán crecer la asistencia! Como dijo alguien, «No se puede poner una gallina muerta con pollitos vivos», y tampoco puede tratar de obligar a las personas a asistir a una reunión en la que el líder no tiene motivación, visión o pasión de multiplicar.

Cuando Jesús multiplicó los panes y los peces, estoy seguro de que cada vez que partía un pedazo de pescado, más rápidamente se reproducía. He visto ocurrir el mismo proceso con líderes buenos: no los puedes multiplicar lo suficientemente rápido. Un mes después de multiplicarse, los líderes buenos ya tienen la casa llena y están buscando desesperadamente a un nuevo líder. La tentación será asignar a alguien al liderazgo simplemente porque esa persona esta dispuesta. Pero la clave es tener líderes que estén «motivados y dispuestos».

Veamos algunas de las maneras que hemos aprendido para entrenar rápida y eficazmente a los líderes de células para el proceso de multiplicación.

Notas

1. Christian A. Schwarz, *Natural Church Development: A Guide to Eight Essential Qualities of Healthy Churches*, Barcelona, Spain, ChurchSmart Resources, Inc., 1996, p. 33.

2. Thomas J. Peters and Robert H. Waterman, Jr., *In Search of Excellence from America's Best-Run Companies*, New York, Warner Books, 1984, pp. 270-277.

capítulo 6

EL DESARROLLO DE LÍDERES EN LA IGLESIA CELULAR

«Bethany World Prayer Center existe como iglesia para *predicar* el evangelio a cada persona, *pastorear* a creyentes, *preparar* discípulos y *plantar* líderes en cada nación del mundo». Así dice la declaración de propósito de nuestra iglesia, y cómo implementar ese objetivo final es lo que enfatiza este capítulo.

Me encanta predicar. Por años, creía que pastorear con éxito era solo cuestión de la oración, la predicación y los programas. Pero mis grandes esfuerzos y mi gran carga de ministerio solo produjeron resultados limitados. Había contratado un equipo maravilloso, muchos de los cuales habían surgido en nuestra iglesia, y con frecuencia designaba líderes que simplemente se hicieron «visibles» y me impresionaron. Pero no había visto la necesidad de usar mi tiempo para desarrollar a otros. Sabía que había sido llamado y siempre pagaría el precio para estar preparado cada vez que el pueblo viniera a los cultos, sin embargo, nunca se me ocurrió que entrenar a los líderes a la larga seria de mas beneficio a nuestra iglesia que cualquier otra cosa que pudiera hacer.

EL RENOVADO MODELO DE MINISTERIO DE MOISÉS

Moisés tenia un problema similar con el liderazgo enfocado en él mismo. Él era fiel y consciente, pero se estaba ahogando al no delegar responsabilidades. La responsabilidad de llevar él solo el ministerio comenzó a pesarle y cansarle. Finalmente, su suegro Jetro, lo persuadió a entregar algunas de sus responsabilidades a hombres capaces que podrían supervisar grupos de 10, 50, 100 y 1.000 (véase Éxodo 18.21). La responsabilidad principal de Moisés sería « [mostrarles] el camino por donde deben andar, y lo que han de hacer» (v.20). En otras palabras, el tiempo que dedicaba a entrenar líderes lo ahorraría a la larga. Al levantar líderes, Moisés podría supervisar con más eficiencia a los tres millones de personas que él tenía que guiar hacia la tierra prometida y aún tener tiempo para lidiar con los casos que para los demás eran imposibles de solucionar.

Similarmente, el Dr. Yonggi Cho descubrió la estructura celular como resultado de una crisis en su salud. Una noche, después de bautizar a 300 miembros nuevos, el Dr. Cho se había extendido tanto que tuvo un colapso físico total. Su frágil condición física lo dejó sin fuerzas para pararse detrás del púlpito por más de 10 minutos cada semana para predicar a su congregación. Se acercó a sus diáconos para buscar ayuda en cuanto a sus responsabilidades pastorales, pero rehusaron. En cambio, cuando les ofreció estas responsabilidades a las damas de la iglesia, ellas quisieron ayudarle (véase el libro del Dr. Cho, *Successful Home Cell Groups*, que describe este proceso).[1] Ahora, toda la obra de la iglesia más grande en el mundo se hace por medio de sus 25.000 líderes de células.

Usted debe estar pensando: *Me encantaría desatar líderes, pero ¿puedo confiar en ellos? ¿Qué si dividen mi iglesia? ¿Qué si ofenden a alguien? ¿Qué si caen en pecado?* Mil objeciones le impedirán el camino, ¡tantas que pudiera hacer de ellas su compañera en el matrimonio! Todos los consorcios conllevan un riesgo, pero el secreto es el proceso de la preparación. La excelente enseñanza del Dr. Cho sobre los «Siete peligros en las células»[2] ha servido para dirigir a Bethany a evitar las trampas que existen cuando se delegan responsabilidades a los líderes.

En los seis años desde que comenzamos las células, cada nuevo líder ha sido completamente entrenado respecto a estas trampas y conoce los pensamientos principales que Satanás puede usar para engañar a un líder y hacerlo caer en cada una de ellas. Este entrenamiento preventivo nos ha ayudado a evitar estos siete problemas. Es más, no puedo citar ni UN solo ejemplo de un «desastre» celular, aunque estoy seguro que han ocurrido sin que yo lo sepa. Esto no imposibilita que esto ocurra, pero basta decir que el efecto total de levantar a líderes nos ha ayudado en el ministerio mucho más que cualquier daño que pudiera haber hecho.

LÍDERES ENTRENADOS TRANSFORMAN LA IGLESIA

Usted quizás pregunte: «¿Qué les enseño?» ¡Enséñeles lo que usted sabe! Mi entrenamiento de líderes comienza con identificar un simple principio de sabiduría que he aprendido como pastor y luego entrenar a mis líderes en ese principio. Los cinco dones ministeriales (véase Efesios 4.11) existen para «perfeccionar a los santos para la obra del ministerio» (v. 12). El entrenamiento de nuestros miembros comienza con el principio básico de que todo creyente puede ser un líder. Aunque el nivel de su liderazgo puede variar sobre la base de sus dones, todo creyente puede ser entrenado en la doctrina (por los maestros), en el cuidado (por los pastores), en cómo testificar (por los evangelistas), en los dones espirituales (por los profetas) y en cómo entrenar a otros (por los apóstoles).

Como ya les mencioné, un ejemplo notable del beneficio del entrenamiento de líderes ha ocurrido en nuestra iglesia. Uno de nuestros 54 líderes originales trabajaba para el estado y supervisaba a siete empleados cuando comenzó como líder de célula. Completó los seis meses de entrenamiento de líderes e inmediatamente comenzó a ascender en su departamento. ¡Su fidelidad y dedicación resultó en su reciente asignación como la secretaria asistente para el departamento de servicios sociales en Louisiana con 3300 empleados bajo su supervisión y un presupuesto administrativo de 400 millones de dólares! Aunque es obvio que esta mujer es una líder dotada, sus habilidades como líder fueron aumentadas a través de su entrenamiento para el liderazgo de células, y con frecuencia utiliza sus clases de liderazgo como la base para enseñar a muchos de los supervisores estatales bajo su autoridad.

Todo entrenamiento de líderes comienza con proveer un lugar en el que las personas puedan usar sus dones y habilidades. En la mayoría de las iglesias estadounidenses, lo más que alguien «hace» en la iglesia es mirarle la parte de atrás de la cabeza a la persona que está sentada delante de él. Esta falta de participación crea apatía, estancamiento y renuncia de cualquier responsabilidad en la iglesia. Pero en una célula, cada miembro tiene su lugar y su don. Pablo dijo: «Cuando os reunís, cada uno de vosotros tiene salmo, tiene doctrina, tiene lengua, tiene revelación, tiene interpretación» (1 Corintios 14.26). En otras palabras, los dones espirituales deben ser **utilizados**, no discutidos.

> *Esta falta de participación crea apatía, estancamiento y renuncia de cualquier responsabilidad en la iglesia. Pero en una célula, cada miembro tiene su lugar y su don.*

Un grupo pequeño de cristianos que se aman y se apoyan mutuamente provee el ambiente perfecto para aquellos que están aprendiendo a usar sus dones espirituales. Siempre que los

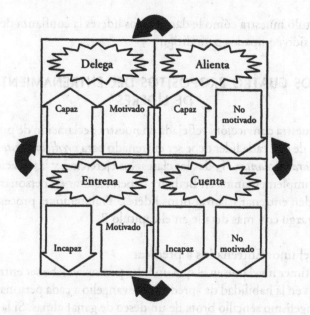

«expertos» en cuanto a los dones espirituales estén presentes en los cultos grandes, los más tímidos siempre se resignarán a verlos ministrar. De este modo, los tímidos generalmente se transforman en la seguridad del grupo pequeño y con frecuencia se convierten en líderes poderosos.

Además de tener un lugar en donde ministrar (una célula), los miembros también tienen que tener la confianza en que ellos han sido entrenados para ministrar. Puede que estén «motivados» pero no «pueden». Noten el paradigma en el siguiente cuadro diseñado por la doctora Sandy Kulkin del Institute for Motivational Living.[3] Los empresarios saben que una persona tiene que ir de estar «sin motivación y sin habilidad» a estar «motivados y hábiles». Los buenos empresarios no están satisfechos con empleados que se mantienen al nivel en el que tienen que ser instruidos, preparados y animados para hacer sus tareas. Quieren levantar a sus empleados a un nivel en el que pueden delegarles una responsabilidad mayor y descansar en el hecho de que será cumplida.

En el entrenamiento de líderes de Bethany, la *multiplicación* provee la *motivación*, y una *pista de liderazgo* provee la *habilidad*. Nuestra declaración de propósito que dimos al principio de este capítulo muestra cómo le damos a los líderes la confianza de que han sido equipados para dirigir.

LOS CUATRO PROPÓSITOS DEL ENTRENAMIENTO DE LÍDERES

Es nuestra convicción, reflejada en nuestra declaración de propósito, de que cada líder debe ser entrenado para *predicar, pastorear, preparar y plantar*. Todas las clases, los ejercicios, y las relaciones que implementamos en Bethany deben resultar en personas que pueden entrenar y lanzar otros líderes. Trataremos el proceso de liderazgo con más detalle en el capítulo 7.

Nivel uno: Entrenados a predicar

El primer nivel que en el que un líder potencial debe ser entrenado es en la habilidad de «predicar el evangelio a cada persona». El evangelismo sencillo brota de un deseo de ganar almas. Si la persona no vence la timidez en cuanto al evangelismo personal, nunca entrará en el liderazgo espiritual. Dentro de cada célula, cada miembro es exhortado a evangelizar trayendo a personas inconversas a las reuniones o los cultos de la iglesia.

Nivel dos: Entrenados a pastorear

El segundo nivel de entrenamiento para los líderes en el nivel pastoral. Los líderes aprenden a «asimilar» a los nuevos creyentes. El proceso de la asimilación puede incluir una visita a la casa de esa persona para verificar la validez de su experiencia con Cristo. El líder también puede ser asignado como «patrocinador» para conducir a un nuevo creyente a través de varios folletos sobre el verdadero arrepentimiento, el bautismo por inmersión y otras doctrinas elementales. A menudo se lleva al nuevo creyente a un retiro espiritual donde asuntos en cuanto al pecado son iluminados y con frecuencia resueltos.

Nivel tres: Entrenados a enseñar

El tercer nivel es el de la preparación o enseñanza. Los líderes son instruidos en cuanto a las disciplinas de la oración, el ayuno y la lectura bíblica. Aprenden valores fundamentales, doctrina básica y técnicas para comprender las personalidades humanas. Aprenden técnicas básicas de la consejería, principios de la productividad, advertencias en cuanto a los peligros potenciales y principios para fortalecer la integridad personal. A través de clases semanales o seminarios, los líderes son transformados e informados sobre las cualidades del líder. También aprenden a ser guías de otras personas en las disciplinas personales del discipulado.

Nivel cuatro: Entrenados a plantar

El último nivel es el de plantar, la forma más alta del liderazgo. Una vez que las personas están entrenadas para predicar, pastorear y preparar a otros, estarán listas también para comenzar a plantar una célula o lanzar a otros a plantar células.

Estos cuatro niveles del entrenamiento de líderes se pueden ver a través del mundo con diferentes títulos, pero los conceptos son los mismos: *evangelizar, asimilar, discipular* y *enviar*. Si usted concentra sus esfuerzos en llevar a cada miembro a través de esta pista de desarrollo de líderes, tendrá abundancia de nuevos líderes en cuestión de meses.

Nuestros esfuerzos por desarrollar líderes han valido la pena. De nuestros 500 intercesores en el «ejército de Gedeón», ¡ahora tenemos más de 500 líderes! Nos reunimos mensualmente en nuestra «cumbre de líderes» en la que les doy una visión fresca, reportes que alientan, metas por establecer y nuevas técnicas de liderazgo para implementar. Nuestra meta es tener 2.000 líderes para el año 2000, y que cada uno haya completado nuestra pista de liderazgo y esté dirigiendo una célula.

Cada iglesia puede desarrollar sus propios métodos de enseñar las cuatro «P»: *predicar, pastorear, preparar* y plantar. Recorrer la pista de liderazgo de Bethany demora alrededor de nueve meses, después de los cuales el líder esta listo para establecer una célula. Los métodos, las prioridades y el currículo pueden variar, pero el resultado final debe ser un líder suficientemente entrenado, consciente de sus dones, sometido a la visión y fructífero. Nuestro proceso de entrenamiento incluye muchas ayudas a las que he llegado a llamar las «ocho cualidades básicas».

LAS OCHO CUALIDADES BÁSICAS DE LIDERAZGO

Después de 20 años de ministerio pastoral, estoy convencido de que los líderes deben desarrollar y sobresalir en las "ocho cualidades básicas" para tener éxito.

1. Propósito

Los líderes deben estar plenamente convencidos de que su ministerio y llamado trascienden cualquier problema u otras prioridades. Un sentido de propósito es necesario para conducir a los líderes a través de las tormentas de la vida, proveerles una misión para la vida y mantenerlos en la pista. Mucho de la enseñanza en Bethany sobre el liderazgo se concentra en esta área de visión porque la semilla de toda motivación se halla en el *propósito*.

2. Prioridades

Comprender la oración y el ayuno también es esencial en el liderazgo. Un ministerio sin oración y ayuno degenerará con rapidez desde la *motivación* hasta el ímpetu y carecerá de la energía y la creatividad necesarias para continuar. Juan Wesley pidió a todos sus pastores que ayunaran dos días a la semana. Encontramos en cualquier parte del mundo que los creyentes que ayunan y oran se levantan como líderes. La historia de María y Marta (véase Lucas 10.38-42) y la selección de diáconos (véase Hechos 6) nos muestran que nuestra prioridad debe ser: «ministra al Señor y ayuna» (véase Hechos 13.2). Nuestros líderes reciben un plan sugerido de tiempo de oración y de ayuno semanal, mensual y anual.

3. Procedimientos

Moisés edificó su tabernáculo según el «modelo que se te ha mostrado en el monte» (Hebreos 8.5), y Dios también tiene un modelo que quiere mostrarle a usted concerniente al desarrollo de su liderazgo y las células. Es importante que cada líder de célula siga el patrón que el pastor principal y el liderazgo pastoral han establecido. Cuando ese patrón no se sigue, el ministerio celular se multiplicará en confusión. Los reportes de células, el formato de las reuniones y un montón de otros asuntos prácticos deben quedar explicados y entendidos. Informes semanales deben compilarse en un reporte semanal para el pastor principal para que él pueda ver semanalmente cuáles son las áreas problemáticas.

4. Personalidades

Los cuatro temperamentos o tipos de personalidades básicas se han estudiado por miles de años. Prácticamente cada libro sobre las relaciones y el matrimonio incluyen un estudio de estas cuatro personalidades bajo diferentes títulos: colérico, sanguíneo, flemático y melancólico.[4] Todos describen el estilo básico de la personalidad orientada a la dirección, a las personas, a la seguridad o al análisis. Debido a que casi el setenta por ciento de las personas tiene una personalidad orientada a la seguridad y solo el dos por ciento a la dirección, ¡es importante saber cómo el setenta por ciento va a reaccionar ante cualquier situación!

Todos nuestros líderes de células están entrenados para identificar y entender las cuatro personalidades básicas dentro de sus grupos. Con esta información pueden determinar el temor principal de cada persona en la célula. De hecho, todos nuestros miembros en las células han llenado un inventario de su personalidad, y como se conocen a sí mismos, pueden relacionarse mejor con los otros temperamentos en sus grupos. La comprensión de los temperamentos le da al líder ventaja no solo en las dinámicas de la célula, sino también en sus familias y en sus lugares de empleo.

5. Resolver los problemas

La naturaleza de cualquier esfuerzo es resolver los problemas. Los líderes deben saber cómo atacar un problema sin negar su realidad. Para resolver los problemas, deben poseer las habilidades básicas tales como la intuición, la investigación, la inversión, la iniciativa y la evaluación. Además de resolver problemas relacionados con las personalidades, los líderes tienen que enfrentarse a problemas logísticos como qué hacer con los niños, delegar oportunamente para evitar «quemarse» y otros retos similares. Tienen que estar al tanto de los problemas espirituales que pueden asomarse por medio de la avaricia, la lujuria o el orgullo.

Cada líder de célula debe estar entrenado en las Escrituras y cómo aplicarlas para manejar situaciones de consejería básicas que resultan debido a las finanzas, los hábitos destructivos, las emociones volátiles y el abuso doméstico. Ellos no proveen consejería «a fondo», pero son el primer paso en el tratamiento: los «primeros auxilios» para el Cuerpo de Cristo. Los líderes de célula no dan «consejería pastoral» pero sí dan «cuidado pastoral». Por supuesto, ellos entienden que tienen un gran sistema de apoyo si el problema es muy contundente. Aquellos que los supervisan saben que deben referir los casos más difíciles a quiénes tienen mayor experiencia y habilidad.

6. Productores
Los líderes deben estar motivados a producir más líderes. Por medio del «principio de los doce» (véase el capítulo 8), aprenden a identificar hombres y mujeres fieles que pueden ser sus ayudantes. La meta espiritual principal de los líderes de célula es derramar sus vidas en estas personas, entrenándolas y sirviendo como mentores para que sean fructíferas. Como ya hemos descubierto, no hay mejor uso de su tiempo que desarrollar a otros que producirán mucho más que usted en toda su vida.

7. Principios
La vida debe estar edificada sobre los principios, no sobre las personas. Los valores trascendentales del compromiso, la honestidad, la familia y la pureza son solo unos cuantos de los ideales que un líder debe poseer. Estos valores básicos ayudan al líder a tomar decisiones así como la cuerda de una plomada ayuda al constructor a comenzar a construir una pared derecha. Los líderes deben aprender acerca de sus motivos, su integridad, sus finanzas y la prioridad de la familia sobre el ministerio. Una base sólida de principios permanecerá debajo del líder sin importar cuán alto suba en el Reino de Dios.

8. Productividad
Un sicólogo en la Universidad de Stanford trató de mostrar que vivimos por resultados productivos o frutos. Este investigador

contrató a un maderero. Le dijo: «Le pagaré el doble de lo que le pagan en su trabajo si usted toma el lado embotado de esta hacha y solo golpea la madera todo el día. Nunca tendrá que cortar ni un pedazo de madera. Solo use el lado embotado y dele con toda su fuerza, como si estuviera cortando madera». El hombre trabajó medio día y renunció. El sicólogo le preguntó: «¿Por qué renunció?» El maderero contestó: «Porque cada vez que uso el hacha, tengo que ver volar los pedacitos de madera. Si no los veo volar, no me divierto».[5]

El entrenamiento de productividad para líderes en Bethany incluye los principios de establecer metas a largo y a corto plazo, cómo alentar y motivar, la comunicación (y cómo evitar la mala comunicación), la delegación (el manejo de un equipo y la «posesión»), y el principio de recompensar. Al entender estos principios, los líderes tienen mejor chance de estar un paso más allá de aquellos a quienes están guiando, y de alcanzar las metas de ganar almas y desarrollar líderes.

«LA UNIVERSIDAD DE LIDERAZGO»

¿Ya le despertamos el apetito por entrenar líderes? McDonald's tiene una «Universidad de hamburguesas», una escuela en las afueras de Chicago para aquellos que aspiran a ser gerentes de McDonald's. Todo aquel que va a manejar uno de sus 2.100 restaurantes alrededor del mundo puede graduarse de la «Universidad de hamburguesas» y estar plenamente preparado y lleno de confianza. ¿No debe la iglesia tener una «Universidad de liderazgo» en la que todos pueden matricularse y desarrollar sus habilidades de liderazgo?

Ahora que conocen los valores básicos que utilizamos en Bethany para todo el entrenamiento de líderes, ¡veamos una manera sencilla de presentar el concepto de liderazgo a su iglesia y de seguir su progreso hacia la meta de abrir sus propias células!

Notas

1. Dr. David Yonggi Cho, *Los grupos familiares y el crecimiento de la iglesia*, Editorial Vida.

2. Ibíd. Los siete peligros son identificados por el Dr. Cho como «Siete Obstáculos» en las páginas 31-47 y se resumen a continuación:

    1. Falta de entrenamiento adecuado para los líderes.
        *   Los líderes no sabían cómo dirigir una reunión o cómo enseñar una lección.
    2. Falta de disciplina en las reuniones.
        *   Los anfitriones trataron de ganarle a los demás con sus comidas y dejaron que las reuniones se extendieran demasiado.
    3. Disertadores de afuera no aprobados.
        *   Sin el conocimiento del pastor, se invitaba personas a hablar y se les permitía introducir enseñanzas que no se conformaban a la doctrina de la iglesia.
    4. Problemas financieros.
        *   Los miembros de la célula se prestaban dinero entre sí con interés. Otros empezaron a promover inversiones y otras oportunidades de lucro económico.
    5. Grupos grandes e inmanejables.
        *   Al crecer, algunos grupos celulares llegaban a tener entre 30 a 50 familias.
    6. Deshonestidad en la recolección de ofrendas.
        *   En ciertas ocasiones, el dinero recaudado para la iglesia no llegaba completo a la tesorería de la iglesia.
    7. División en el liderazgo.
        *   Algunos asociados trataron de apropiarse de las células que supervisaban para empezar sus propias iglesias.

3. Dr. Sandy Kulkin, The Institute for Motivational Living, Inc., P.O. Box 925, New Castle, PA 16103. Línea telefónica gratuita en los Estados Unidos 1-800-779-3472.

4. Las analogías de «colérico, sanguíneo, flemático y melancólico» se encuentran en el libro de Tim LaHaye *Temperamentos controlados por el Espíritu*, Editorial Unilit. Las analogías del león (colérico), el castor (sanguíneo), la nutria (flemático) y el perro casero (melancólico) pueden hallarse en el libro de John Trent y Gary Smalley *Las dos caras del amor*, Editorial Betania.

5. Ilustración tomada del libro de John C. Maxwell, *¡Sé todo lo que puedas ser!*, Editorial Vida.

capítulo 7

MULTIPLICACIÓN
DE LÍDERES

En el capítulo 6, comenzamos el bosquejo de un proceso basado en cuatro propósitos: *predicar, pastorear, preparar* y *plantar*. En este capítulo, desarrollaremos más ese bosquejo.

Hemos descubierto que la mayoría de las personas piensan en términos concretos y no abstractos. Por lo tanto, nos es muy útil el modelo de un diamante de béisbol. Vi este concepto por primera vez en los materiales del Dr. Rick Warren, pastor de Saddleback Valley Community Church en Foothill Ranch, California. Hemos modificado el diamante de béisbol para que quepa dentro del modelo celular de la iglesia. Este modelo ha llegado a ser nuestro método de enseñar y guiar a las personas desde el momento de conversión hasta que nacen como líderes de célula (véase la ilustración en la siguiente página).

Noten que estos cuatro propósitos en el entrenamiento de líderes van asignados a una línea de base. Cada uno de los cuatro propósitos termina con un evento, una ocurrencia tangible que significa la conclusión de esa fase de crecimiento en el proceso celular.

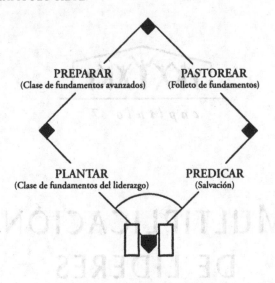

PEGARLE A LA BOLA

El proceso obviamente comienza con la «predicación», una respuesta al evangelio en alguna avenida de ministerio. Tan pronto como las personas respondan a la *predicación* del evangelio en un culto o una célula, nuestra meta es ayudarlos a entender que su nueva vida en Cristo se desarrollará en fases.

Cuando las personas responden a un llamado en un culto y van hasta el altar, los llevamos a una oficina de distrito en la que ven un corto video mío, como pastor principal. En el video les presento al pastor de distrito como un colaborador cercano y personal, porque la mayoría de estas personas respondieron a un mensaje mío y no tienen idea de quién o qué es un pastor de «distrito». Luego les presento un panorama de las células por medio del folleto del «diamante de béisbol» y un video que lo explica. ¡Las personas pueden ver con claridad que se les está presentando delante una meta y que simplemente le han pegado a la bola!

El consejero, quien es un líder de célula, tiene un objetivo en ese momento: *verificar* la experiencia de salvación de cada persona. El objetivo del consejero es dar al nuevo creyente la promesa bíblica de que Cristo está en su vida. Cualesquiera que sean los problemas que el líder ha tenido que atender se anotan en la tarjeta de información del nuevo creyente.

PRIMERA BASE: BAUTISMO EN AGUA Y ASISTENCIA A UNA CÉLULA

Dentro de las siguientes 24 horas, un pastor y un líder de célula tratan de visitar al nuevo creyente. Su meta es lograr que la persona llegue a la «primera base», que es bautizarse en agua y asistir a una célula. El bautismo en agua es lo más importante de las dos cosas en este momento, porque ayuda a hacer más firme la confesión pública de fe en Cristo. Además, a los nuevos creyentes se les anima a asistir a una célula la primera semana que se convierten.

Es posible que el pastor y el líder de célula hayan estudiado las áreas problemáticas que se listaron en la tarjeta de información del nuevo creyente, y quizás se dirijan a esos problemas para establecer un vínculo de comunicación con esa persona. A veces otros miembros de la familia se salvan durante esa visita. En Bogotá, ¡no es poco común que la visita de «consolidación» concluya con la apertura de una nueva célula, ahí mismo en la casa del nuevo creyente!

La mayoría de los recién convertidos en los Estados Unidos no perseveran porque nunca se despojan de las «cargas de Egipto» antes de entrar a «Canaán».

SEGUNDA BASE: PASTOREAR

Después del bautismo en agua, el nuevo creyente se dirige hacia la «segunda base» y pasa las siguientes cuatro a seis semanas en una célula aprendiendo las cosas básicas del cristianismo con un *folleto de fundamentos de la célula*. Incluye temas como el evangelismo personal y el bautismo en el Espíritu Santo. La meta es establecer una relación pastoral con el nuevo creyente. Esta segunda etapa puede culminar o aun ser interrumpida por el segundo gran evento en el desarrollo espiritual de esa persona: un retiro de «Encuentro». Celebrado la última semana de cada mes, el encuentro es el «a.C./d.C.» en la vida cristiana del nuevo creyente.

La mayoría de los recién convertidos en los Estados Unidos no perseveran porque nunca se despojan de las «cargas de Egipto» antes de entrar a «Canaán». El formato del retiro está enfocado en un proceso llamado «terapia del alma», una frase acuñada por Dion Robert, el gran pastor de la Iglesia Protestante Oevres et Mission en Côte d'Ivoire, África Occidental. El mismo principio se utiliza en Bogotá donde muchos que se convierten tienen fuerte lealtad a espíritus demoníacos, fueron abusados y violados por sus familias o tienen ataduras a las drogas o el alcohol. En los Estados Unidos, una generación disfuncional tiene poco concepto de lo que es perdonar y renunciar al pasado.

El fin de semana de «Encuentro» comienza el viernes en la noche y continúa hasta el sábado en la tarde. Hemos hallado que funciona mejor si se celebra en un centro de retiro. Las metas del encuentro incluyen:

1. Ayudar a los nuevos creyentes a relajarse y dirigir sus pensamientos a sus vidas espirituales;
2. Educar a los nuevos creyentes en cuanto a ataduras que pueden existir en sus almas, aunque sus espíritus han sido perdonados;
3. Facilitar un tiempo intensivo de oración, el renuncio de fortalezas y liberación si hace falta; y

4. Ministrarles la verdad en cuanto a su posición en Cristo y el poder del Espíritu Santo.

El retiro es dirigido por los pastores y ciertos líderes de células que han estado orando y ayunando por las personas que asisten al mismo. Inicialmente, el retiro se puede celebrar en la iglesia donde es fácil preparar comida y los participantes pueden regresar a sus casas para dormir. Sin embargo, este arreglo solo tiene un éxito limitado porque una parte importante del *encuentro* es que las personas se alejen de los teléfonos, televisores y el ambiente familiar de sus hogares. El fin de semana de «Encuentro» debe ser la conclusión de la etapa de asimilación o *pastorear*.

TERCERA BASE: PREPARACIÓN

Debido a que el fin de semana de «Encuentro» se celebra la última semana del mes, la semana siguiente comienza la clase de discipulado en la iglesia. Se ofrece los miércoles en la noche después del tiempo de adoración del culto regular. Este curso de doce semanas se concentra en las doctrinas principales de la Biblia, el estudio bíblico, la oración, la guerra espiritual, nuestra identidad en Cristo, el servicio, la iglesia local y las finanzas. El nuevo creyente ahora está en la etapa de *preparación,* la parte de la vida cristiana en la que aprende las doctrinas básicas de la fe. Al cumplir con estas doce clases, la etapa de *preparación* concluye con otro evento, el «Retiro de formación de líderes».

El «Retiro de formación de líderes» presupone que el nuevo creyente haya pasado por lo menos cuatro meses de pastoreo y preparación. Esta persona ya está lista para ser expuesta a los aspectos fundamentales del liderazgo.

En un seminario de un día, llevamos a estos cristianos en *preparación* a la oficina de distrito en la iglesia y un pastor de distrito les enseña acerca de los muchos aspectos de la iglesia celular: la visión (*propósito, planes, metas y acciones*); el evangelismo personal (*oikos*); el proceso de la multiplicación; cómo dirigir una reunión; componentes de una reunión de célula; cómo funcionan los grupos homogéneos; cómo lograr que una lección se aplique en distintas situaciones; tres maneras de multiplicar un grupo; técnicas para formar asistentes; y cómo colocar a los miembros de la célula en el «diamante de béisbol» hacia el liderazgo.

No puedo exagerar la importancia de este curso concentrado de liderazgo celular. También hemos provisto para los discípulos «viejos» que se han transferido a nuestra iglesia o que acaban de decidir involucrarse en el liderazgo. La congregación de Bethany comprende que los creyentes maduros que han sido bautizados en agua y están bien versados en la Palabra al nivel de «tercera base» pueden entrar en la pista de liderazgo desde el punto del «Retiro de formación de líderes». ¡Pueden ir desde el banco hasta la «tercera base»!

De esta manera, miembros veteranos de la iglesia que captan la visión de las células y la multiplicación pueden pasar de participar en una célula al liderazgo en un corto período de tiempo sin tener que pasarse meses estudiando cosas que obviamente ya conocen. Es más, después de este seminario de un día sobre el liderazgo de células, están adecuadamente preparados para comenzar una célula homogénea en el trabajo o una célula familiar en un hogar.

La flexibilidad que le extendemos a los veteranos representa una «predisposición a la acción» en nuestra estructura. Preferimos el método de «preparen… fuego… y después apunten» porque los nuevos líderes estarán bajo la supervisión directa de sus líderes cada semana en su célula regular. Solo los creyentes maduros pueden abrir una célula en este punto, y si lo hacen, aun tienen que asistir a lo que llamamos la «clase de liderazgo».

La meta: Plantar

Ahora pasamos de los primeros cuatro meses de introducción a un entrenamiento serio para todos los líderes de células, sean recién convertidos o discípulos establecidos. Esta es la etapa de «plantar», tres meses de entrenamiento serio que disponen el escenario para el resto de la vida del líder. Hemos preparado doce clases que representan lo que creemos que son las áreas más importantes en la vida de un líder (véanse las «ocho cualidades básicas» en el capítulo anterior). Las doce clases incluyen:

- **Semana uno:** Se cubren técnicas básicas de consejería que usamos diariamente como pastores. Esta enseñanza no incluye consejería a fondo, solo un nivel de consejería «paramédica» sobre la que los pastores pueden edificar si es necesario.
- **Semana dos:** Enseñamos los principios de cómo ser un mentor y desarrollar relaciones como las de Elías y Eliseo, Moisés y Josué, y Jesús y sus discípulos.
- **Semana tres:** Enseñamos el desarrollo de los dones espirituales en el líder y en los demás, ayudándoles a identificar el don que los inspira.
- **Semana cuatro:** Se exploran las técnicas de comunicación para escuchar y hablar bien.
- **Semana cinco:** Los participantes son entrenados en las técnicas del evangelismo personal, así como ayudar a otros a hablar de su fe en Cristo.
- **Semana seis:** Se descubren y discuten los tipos de personalidades de los miembros de la clase a través de una prueba de perfil de la personalidad.
- **Semana siete:** Enseñamos los diez principios de liderazgo que Jesús empleó para preparar a sus discípulos para el ministerio.
- **Semana ocho:** Reciben entrenamiento en cuanto a cómo manejar conflictos y técnicas de confrontación.
- **Semana nueve:** Los líderes potenciales aprenden principios de cómo manejar bien el tiempo.
- **Semana diez:** Se identifican técnicas prácticas ministeriales para lidiar con situaciones como la muerte, crisis y visitas al hospital.
- **Semana once:** Enseñamos habilidades personales que ayudan a desarrollar relaciones y alentar a otros.
- **Semana doce:** Damos consejos prácticos en cuanto a cómo mantener una actitud positiva en el ministerio.

Estos tres meses de entrenamiento añaden años a la madurez espiritual del líder. Cada clase es enseñada por el mejor líder de Bethany en esa área particular. La clase de liderazgo también se celebra los miércoles en la noche después del tiempo de adoración del culto regular.

Después de siete meses de asimilación, adoctrinamiento y preparación, el nuevo creyente está listo para comenzar una célula. Este «proceso» puede parecer largo y arduo al que lo lee, pero el hambre y el apetito del nuevo creyente por las cosas espirituales hace que lo realice rápidamente. Además, son parte de una célula todo el tiempo, y aprenden de una forma práctica con el líder de sus células. El proceso de desarrollo de líderes es absolutamente esencial tanto para establecer a los nueves creyentes en la Palabra como para entrenarlos para el momento en que comenzaron a ser líderes.

Como un seguimiento a los siete meses de entrenamiento, hemos desarrollado una «cumbre de liderazgo». La reunión comienza con un desayuno, seguido por una hora de oración intensiva por las almas y la cosecha. La última hora incluye una enseñanza que imparto, durante la cual discuto los cuatro temas para las lecciones de ese mes, explicando qué tipo de persona responderá mejor a una invitación en cada lección. Luego, cubro algún tema de visión y liderazgo como «los hombres poderosos de David», «los pasos de Nehemías hacia el liderazgo» y «cómo evitar la mala comunicación», por mencionar algunos.

NUESTRO CAMPO DE SUEÑOS

La meta de Bethany es desarrollar un instituto para líderes de células en el cual un líder podrá matricularse en clases de enriquecimiento en muchas áreas diferentes. La idea de un instituto bíblico basado en la iglesia no es nueva, pero la naturaleza de la estructura celular sin dudas la demanda.

¡El Dr. Cho ha refinado su instituto bíblico «de casa» hasta el punto de que muchos de sus líderes de células tienen el equivalente de un título de seminario! La Misión Carismática Internacional en Bogotá también ofrece una escuela de entrenamiento extenso para sus líderes de células.

Vean lo que logra este emocionante proceso de entrenamiento de líderes: Toma a un nuevo creyente y lo guía durante sus estudios en el instituto bíblico hasta el punto en que está listo para salir y plantar una célula en cualquier ciudad o cultura del mundo.

Una vez que este proceso está establecido, se hace muy fácil establecer metas de multiplicación en un año. Si usted quiere 50 células dentro de un año, debe tener por lo menos esa cantidad de personas en la segunda base o más allá. ¡Las metas comienzan con *acciones*, y hasta que las personas se estén moviendo alrededor de las bases, ciertamente nadie llegará a la meta! Cada supervisor en el equipo debe establecer una meta para el «Encuentro», la clase de discipulado, el retiro de formación de liderazgo y la clase de liderazgo. Mantener un informe del progreso de cada persona en este proceso es fácil ahora que existen tantos programas sofisticados para computadoras.

«Predicar, pastorear, preparar y plantar» un proceso bien definido para conservar sus duros esfuerzos en predicar y preparar a los creyentes para hacer lo que usted hace. Alce sus ojos ahora como lo hizo Abraham y desate su fe por hijos tan numerosos como las estrellas en el cielo. Si prepara el proceso de discipulado, Dios será fiel en enviarte la cosecha. Aunque algunos abandonarán los estudios sin cumplir el proceso, por lo menos les habrá dado la oportunidad. De este proceso saldrán LÍDERES, preciosos líderes de toda raza, generación, denominación y género. ¿Está listo?

Ahora, tomemos los principios de multiplicación y unámoslos a nuestra pista de desarrollo de líderes en la forma más poderosa de crecimiento de iglesia celular que ha sido desarrollada: el «principio de los doce».

¡A BATEAR!

capítulo 8

EL «PRINCIPIO DE LOS DOCE»

El «principio de los doce» es confirmado una y otra vez en la Biblia: Los 12 patriarcas, las 12 tribus de Israel, los 12 apóstoles, los 12 cimientos en la Jerusalén celestial y muchas otras referencias bíblicas resaltan la importancia de este número como el número de «gobierno».

Iglesias alrededor del mundo están descubriendo que con grupos de doce, la gran comisión se puede realizar fácilmente. Por ejemplo, Maiwa'zi Dan Daura de Jos, Nigeria, fue uno de los líderes originales de Cruzada Estudiantil en Nigeria. Su ministerio comenzó con 7 hombres que él discipuló. En los últimos 20 años, su pequeño grupo se ha convertido en 1.200 iglesias en Nigeria. Cada semana, los estudiantes se reúnen con sus mentores y con las personas para quiénes ellos mismos son mentores.

César y Claudia Castellanos comenzaron su pequeño ministerio, Misión Carismática Internacional, en Bogotá, Colombia, en 1983. Después de varios años, su pastor de jóvenes, César Fajardo, comenzó un proceso parecido al de Maiwa'zi Dan Daura al discipular a 12 adolescentes en su grupo de jóvenes. Esos 12 adolescentes recibieron la tarea de encontrar a 12 otros jóvenes (de 16-25 años) para discipularlos y lanzarlos al ministerio como sus asistentes. La enorme estructura piramidal de relaciones ministeriales ahora ha llegado a tener tres «generaciones» de «doce», con algunos que están desarrollando la cuarta.

> *El «principio de doce» ha cambiado el concepto tradicional de la multiplicación al ofrecer la posibilidad de continuar las relaciones DESPUÉS de multiplicar.*

¡Ahora hay 6.600 células en el departamento de jóvenes de la Misión Carismática Internacional con la meta de tener 10.000 células de jóvenes! Cada sábado más de 600 jóvenes se convierten en el culto de jóvenes. Es normal ver a un jóven de 25 años que supervisa hasta 800 células, usando el «principio de los doce». La iglesia ahora tiene 13.000 células (que crecieron de 4.000 células al principio de 1995) y todos los líderes están organizados usando el «principio de los doce».

Como hemos visto en Jos, Nigeria, el «principio de los doce» funciona cuando simplemente se utiliza como una estructura de entrenamiento de líderes. Sin embargo, cuando se une a la estructura celular como han hecho en Bogotá, el resultado es una unión natural. Las células necesitan líderes, y los líderes necesitan tener un empleo para ministrar. En Jos, Nigeria, ese empleo ha llegado a través de plantar iglesias. En Bogotá, ha llegado a través de plantar células, y ese concepto ha elevado a Bethany a una «segunda etapa» de la multiplicación celular.

SE PRESERVAN LAS RELACIONES POR MEDIO DEL «PRINCIPIO DE DOCE»

En el capítulo 5, vimos los principios tradicionales de la multiplicación: las células deben *aprender, amar, vincular, lanzar* y *salir*. Pueden multiplicarse numerosas veces, cortando cada vez las relaciones que se han creado. ¡Pronto, sin embargo, los miembros de las células comienzan a perder la motivación para multiplicar porque a nadie le gusta tener éxito y entonces tener que empezar de nuevo!

El «principio de doce» ha cambiado el concepto tradicional de la multiplicación al ofrecer la posibilidad de continuar las relaciones DESPUÉS de multiplicar. El líder forma no solo dos células sino toda una red de células bajo su liderazgo. La posibilidad de mantener las relaciones y a la vez multiplicar afecta el nivel de motivación de una manera poderosa, y no se limita la productividad y la influencia de una persona que comienza en el nivel de «líder de célula».

FUNDAMENTALES DEL «PRINCIPIO DE DOCE»

Este «principio de doce» es dinámico y explosivo pero fácil de entender e implementar. Podemos seguirlo con facilidad si comprendemos siete principios básicos.

1. Toda persona es un líder potencial.

Esta sola declaración va en contra de la sabiduría convencional en cuanto al liderazgo y quién puede tener potencial. Un vistazo breve alrededor del cuarto en una reunión de célula puede desanimarnos en cuanto a esta idea. Sin embargo, debemos recordar que los del grupo que Dios le envió a David estaban «afligidos … endeudados … o en amargura de espíritu» (1 Samuel 22.2). Este principio más básico del «principio de los doce» está basado en algo que casi nunca vemos en las iglesias norteamericanas: arrepentimiento radical y libertad de las ataduras del pasado.

Las iglesias norteamericanas están llenas de miembros que a penas pueden «caer» porque nunca se han «parado». Sus luchas interiores, ataduras secretas, rechazos del pasado y herencias familiares disfuncionales logran que jamás siquiera se consideren «líderes». En la maravillosa iglesia celular de Abijon, Cote d'Ivoire, Dion Roberts pastorea a 120.000 miembros en 8.000 células. Los recién convertidos pasan por lo que ellos llaman «terapia del alma»: En tiempo personal de ministerio en el que renuncian ataduras, hábitos y heridas del pasado.

En Bogotá, Colombia, la Misión Carismática Internacional lleva a cada uno de sus convertidos a un retiro para lidear con asuntos que impedirían que esa persona llegara a ser un líder eficaz. El retiro de dos días cambia tanto la vida que concluye con una sesión en la que cada persona que asiste recibe un paquete con tarjetas, cartas y casetes de sus amigos y familiares para alentarlos. Casi no hay que decirlo, pero la persona regresa a su hogar CAMBIADO.

Saber que cada persona es un líder potencial lo altera todo. Su meta como líder de célula es retar y creer en los que Dios le ha enviado para que tomen su lugar debido como líderes de células. Al amarlos, oírlos y alentarlos, usted debe llenarlos de la visión y confianza de Dios hasta que estén listos para ir a «cazar un oso con un gajo». Uno por uno, barrera tras barrera, cruzan hacia al «territorio del liderazgo» en el que ganan almas y discipulan a otros.

2. Cada persona puede discipular a «doce»

La primera premisa nos conduce a la segunda: Si cada persona tiene el potencial de ser líder, entonces es cierto que todos son dignos del gran esfuerzo que tomará desrarrollarlos. Jesús tuvo a los Doce (a la larga 11 después de la traición de Judas) en los que invirtió la mayoría de su tiempo por tres años y medio. Obviamente eligió a doce porque es el número perfecto para discipular. Pablo entendió el discipulado, así que tuvo un núcleo apostólico (como Timoteo) que viajaba con él a todas partes. Constantemente aprendían de él y observaban su «doctrina, conducta, propósito, fe, longanimidad, amor, paciencia» (2 Timoteo 3.10).

La meta de toda la vida de desarrollar «sus doce» se convierte en un reto tremendo para el desarrollo de líderes. A traves del proceso del tiempo, las circunstancias y el de ser mentor «de cara a cara», una persona que quizás «no estaba en nada» de repente se convierte en una persona de propósito, habilidad e integridad. Su trabajo y esfuerzos duros por desarrollar comienzan a dar resultados cuando estos buscan y comienzan a discipular a «sus doce».

Imagine la satisfacción que debe sentir el pastor de jóvenes de la Misión Carismática Internacional en Bogotá por haber comenzado con solo 60 jóvenes y ahora ver tres generaciones de «doce» funcionando como la superintendencia de ese poderoso ministerio de jóvenes.

3. Todos reciben ministración y luego ministran

«Entrar y salir» es un principio de la vida. A las plantas saludables les entra alimento y les salen frutos. Esto también es una premisa central del «principio de los doce». Por ejemplo, el pastor principal provee una lección celular y un principio de liderazgo que enseña a sus «doce». Ellos toman la información que reciben y la dan cuando enseñan a sus «doce» esa misma semana. «Enseñe lo que le enseñan» pasa de un grupo de «doce» al próximo a través del curso de una semana.

Sean escritos o verbales, los principios son pasados «de generación en generación» a la última «generación» en la que células evangelísticas están en operación.

Todo lo que esté por encima de ese último nivel es estrictamente supervisión de liderazgo, un proceso que dura toda la vida. Por cierto, después de que las células evangelísticas en el último nivel se reúnen, ¡reciben una ofrenda que se va pasando «hacia arriba» la siguiente semana cuando las reuniones de los «doce» se celebran! Las lecciones fluyen hacia abajo en la iglesia por medio de las reuniones de «doce» y las ofrendas suben por medio de las mismas reuniones. (Bethany jamás ha recibido ofrendas a través de las células, pero muchas iglesias en todo el mundo lo hacen con gran éxito).

«Enseñe lo que le enseñan» contiene una dinámica poderosa que Pablo describió a Timoteo: «Lo que has oído de mí ante muchos testigos, esto encarga a hombres fieles que sean idóneos para enseñar también a otros» (2 Timoteo 2.2). De esta manera, la enseñanza no se queda estancada en una libreta perdida, sino que inmediatamente se imparte a aquellos que uno dirige. El entrenamiento de líderes al estilo «enseñe lo que le enseñan» puede continuar en cualquier cultura del mundo sin teléfonos, códigos postales ni computadoras. Es el método de «cara a cara» y de «corazón a corazón».

4. Una persona está en sus «doce» solo cuando ese individuo ha comenzado un célula

Una persona puede estar en su célula (como un simple miembro) sin estar en «sus doce». La meta de discipular y desarrollar líderes es que ese líder potencial (miembro de la célula) comience su propia célula. Esto sucede después de que uno ha llevado a esa persona a varios retiros, un discipulado básico y una «escuela de líderes». Este proceso de 9 a 12 meses prepara al individuo para ser eficaz (como está bosquejado en el capítulo anterior). El miembro puede comenzar a dirigir una célula cuando usted piense que este está listo.

Después de comenzar un grupo nuevo, el líder sigue reuniéndose con su líder, cada semana, para supervisión, aliento y entrenamiento. Este nuevo líder de célula, o «Timoteo», ahora tiene todo lo que necesita para crecer: entrenamiento (escuela de líderes), oportunidad (una nueva célula) y apoyo (su líder). Cada semana, el líder original se reúne con los miembros de su grupo que han abierto grupos para contestar sus preguntas y entrenarlos más. La meta se alcanza cuando ese líder tiene sus «doce» que han comenzado células. Después de este punto, ¡la célula se convierte en una reunión de líderes!

5. Cada persona debe ganar almas y desarrollar líderes potenciales.

Cada pastor, líder y cristiano debe ganar almas. ¡Nos han comisionado a hacerlo! Usando el «principio de doce», una meta realística sería ganar para el Señor con mucha oración a por lo menos «doce» personas cada año por medio del evangelismo personal. Los nuevos creyentes se unen a su célula y se convierten en líderes potenciales; los líderes potenciales que abren sus propias células permanentemente forman parte de sus «doce». Sus reuniones de célula se convierten en reuniones de líderes para alentar y entrenar.

Usted puede colocar a cada nuevo creyente que usted gane y discipule bajo uno de sus «doce permanentes» que han comenzado un grupo. Al ayudarlos a crecer, usted también crece, porque una vez que todas las posiciones de sus «doce permanentes» estén ocupadas, la única manera en que otro puede entrar al grupo es si alguien se va, se muere o cae. En este caso, alguien de uno de los «doce» debajo de usted se elevaría a ocupar esa posición. Este proceso hace del grupo algo sobre lo que se puede edificar por toda la vida si es necesario.

Con todo el mundo pastoreando a «sus doce», la productividad no tiene límites. Las personas con iniciativa y dones espirituales pueden desarrollarse con la rápidez que quieran sin esperar por sus mentores.

6. Las células se abren más rápidamente cuando son homogéneas.

El diccionario de Webster define la palabra «homogénea» como «igual o parecido en tipo o naturaleza». Estudios por el célebre observador de iglecrecimiento George Barna han mostrado que la mayoría de norteamericanos encuentran sus relaciones en su lugar de empleo , no en sus barrios como en tiempos pasados. Por lo tanto, muchas células se pueden abrir rápidamente en el trabajo o con un grupo de afinidad. Casi todos en una célula tienen grupos homogéneos «de tipos parecidos» en sus vidas en los que pudieran reunir a por lo menos cuatro personas semanalmente para un «grupo».

Si, además de la lección regular, las personas reciben un currículo apropiado para una variedad de aplicaciones homogéneas (mujeres, hombres, negociantes, profesionales, etc.), tendrán mucha confianza para comenzar. Saben que pueden depender del apoyo y respaldo de su célula para estar firmes con ellos y darles consejos. Esta perspectiva produce multiplicación rápida, y significa que los grupos no tienen que sentarse a esperar por el proceso tradicional de la multiplicación para multiplicar (véase el capítulo 5).

7. Sus «doce» son sus asistentes.

Usted no solo está discipulando a «sus doce», sino que está produciendo «asistentes». En Bogotá, cada miembro de «sus doce» toma la responsabilidad principal de dar seguimiento a los recién convertidos un mes del año. «Sus doce» se convierten en su «equipo» principal para realizar sus tareas. El resultado debe ser que el líder de los «doce» está más libre para orar y ministrar la Palabra como fue en el caso de los apóstoles con los diáconos en Hechos 6. Este principio puede funcionar poderosamente en una congregación más pequeña en la que al pastor lo llaman para predicar, visitar, ser conserje, interceder, dirigir la alabanza, celebrar bodas y funerales y una multitud de otras responsabilidades. Al comenzar un grupo de doce, las responsabilidades del pastor se pueden dividir entre aquellos que quieren aprender y servir. Los «doce» del pastor en torno pueden abrir células y reclutar líderes y siervos en ellas.

Una clave para encontrar sus doce es concentrarse en tres. Jesús tenía un grupo interior con Pedro, Jacobo y Juan. Su primera meta debe ser discipular a tres y luego retar a cada uno de ellos a encontrar tres. Como observamos en el ministerio de Jesús, sus discípulos fácilmente reclutaron y discipularon a aquellos que ya conocían. Cuando cada uno de sus «tres» halle sus «tres», ¡su grupo de «doce» estará completo! Es emocionante ver como las personas comienzan a concentrarse en el potencial de liderazgo de otros para poder ir más allá de solo una relación casual con ellos.

VENTAJAS DEL «PRINCIPIO DE DOCE»

Repasemos algunas de las ventajas del «principio de doce»:

- **Las relaciones nunca tienen que romperse.** Una de las debilidades de muchos ministerios celulares es la pérdida de contacto después de la multiplicación. En el «principio de doce», cada célula recién nacida mantiene un contacto contínuo con la «célula madre» de por vida. Los líderes permanecen bajo la tutoría de los individuos que los entrenaron. Los meses que pasan en vinculación y fortaleciendo confianza llegan a convertirse en una relación de trabajo que permanece. El discípulo está libre para ir cuán lejos lo lleven sus dones en la multiplicación y las células, pero la persona nunca se siente desplazado de su «célula madre».

• **La necesidad por un equipo es mucho menos.** Un equipo de líderes bien interconectados requiere mucho menos de gerencia intermedia del equipo de tiempo completo de la iglesia. La supervisión tiende a venir del apoyo interno del grupo y no de un «andamio» externo de apoyo. La red compleja de relaciones que se forma crea «músculos y tendones» en el Cuerpo, atenuando la necesidad de pastores de tiempo completo. La iglesia siempre necesitará pastores de tiempo completo para proveer cuidado y dirección, pero la demanda absoluta de añadir miembros al equipo no es tan apremiante en la estructura del «principio de doce».

Los pastores de zona y distrito también se sienten libres para dedicarse a más avenidas de crecimiento celular que las áreas geográficas que supervisan. Pueden desarrollar muchas diferentes clases de grupos y áreas homogéneas. La tarea del pastor de zona y distrito es también *ganar «doce», hallar«doce»* líderes potenciales y desarrollar a «doce» líderes permanentes.

• **No se suprime el potencial de nadie.** Es muy importante que las personas con potencial no sientan que hay un «techo de cristal». En el «principio de doce», cada líder tiene el potencial de llegar a ser un «líder de doce». Cuando esos «doce» también discipulen «doce» y comiencen sus «grupos de doce», ¡el líder original puede convertirse en «líder de 144» o cualquiera que sea el nivel al que sus habilidades motivacionales lo pueden llevar! Ya no oímos: «No puedo hacerlo hasta que…» Los líderes pueden ver como edifican sobre sus fundamentos originales del ministerio celular por vida en vez de una simple multiplicación.

El avivamiento en Éfeso sacudió todo el continente de Asia Menor, y todo comenzó con «doce hombres». Como acabamos de descubrir, con el «principio de doce» podemos evangelizar no solo a las américas sino también a culturas resistentes de pueblos como los musulmanes del norte de Nigeria que han sido penetrados por Maiwa'azi Dan Daura. «Eran por todos unos doce hombres» (Hechos 19.7).

¿Está usted listo para vigorosamente comenzar a hacer de su iglesia una base de entrenamiento con el fin de enviar a esos líderes entrenados al mundo? Si responde que sí, entremos en la última fase de este libro y veamos maneras de vencer los retos con una discusión acerca del primer paso: «transición».

capítulo 9

TRANSICIÓN

Estoy escribiendo este capítulo en un avión que está volando a 12.300 metros de altura. Hace como una hora, pasamos por un poco de turbulencia. No me gusta la turbulencia para nada, pero me alegra que el avión siga moviéndose en la dirección correcta. Salta y se sacude un poco, pero el impulso hacia adelante aún nos propulsa vigorosamente hacia nuestro destino. Los pilotos con destreza saben cómo alejarse de la turbulencia cambiando la elevación, evitando las tormentas y usando otras formas de navegar para vencer los problemas aerodinámicos.

De igual manera, los líderes de iglesia deben estar preparados para los numerosos retos de la «turbulencia» espiritual que enfrentarán al volar más alto de lo que jamás hemos volado en nuestras iglesias locales. El punto fundamental es el mismo: estamos moviéndonos hacia adelante.

CAMBIO DE MARCHA

Todo progreso requiere cambios, transiciones y etapas. Por ejemplo, los cambios en un automóvil siempre requieren un pedal de embrague. Sin este pedal, los dientes de una velocidad engranan a la fuerza en los de otra velocidad y el resultado puede ser ruidoso y dañino.

Los cambios en la iglesia también pueden presentar problemas. Los «cambios» son el temor principal del 71 por ciento de la población norteamericana. A la mayoría de norteamericanos les gustan las mismas chancletas viejas, los mismos trabajos viejos, los mismos líderes, la misma comida en McDonald, el mismo estacionamiento, los mismos bancos o sillas en la iglesia y la misma rutina en cuanto a casi todo lo demás en sus vidas. Por lo tanto, los pastores tienen que navegar por las carreteras establecidas de casi el 71 por ciento de sus congregaciones, y aprender a cambiar e iniciar transiciones sin hacer daño.

Cuando Bethany pasó a ser una «iglesia celular», hubo varios puntos en los que aplicamos el «pedal de embrague». Mi esperanza es que pueda ayudarle a cambiar de marcha en esos puntos, pues sé bien que sin duda hemos fallado a veces en comprender que estábamos causando fricción a los que se sentían tranquilos con todo lo anterior.

EL PEDAL DE LA «CREDIBILIDAD»

El primer «pedal de embrague» que usamos en Bethany fue el de la «credibilidad». El mes en que introdujimos las células en 1993 fue el mismo mes en que pagamos por completo nuestros 10.000 metros cuadrados de edificios y nuestros 400.000 metros cuadrados de propiedad (¡10 años antes de que la hipoteca madurara!). Ese mismo año el Señor nos permitió dar 1.3 millones de dólares para misiones. Por lo tanto, nuestra iglesia había llegado al punto de confiar en la dirección y enfoque del ministerio.

El Dr. Rick Warren ha ilustrado de una manera muy creativa la manera en que los cambios y las transiciones afectan a nuestras iglesias. Dice que el líder tiene ciertas «deudas» y «créditos» con su iglesia. Una «deuda» es una dirección hacia la que el líder ha dirigido a la iglesia que culminó en fracaso. Un «crédito» es una dirección hacia la que el líder ha dirigido la iglesia que resultó en un éxito obvio. ¡La congregación lleva la «cuenta»! Si las «deudas» del pastor pesan más que los «créditos», podrá sentir alguna resistencia cuando anuncie el cambio a una estructura basada en las células.

Bethany no había fallado, así que todos sabían que no había que «arreglarla». Sin embargo, como pastor principal, sabía que algo dentro de nuestra estructura de iglesia tenía que cambiar para poder pastorear, evangelizar y entrenar mejor a los líderes para el avivamiento venidero en Norteamérica.

EL PEDAL «GUBERNAMENTAL»

Esta necesidad de un cambio nos condujo al segundo «pedal de embrague»: trabajar dentro de su estructura gubernamental. El gobierno de la iglesia es crítico en cuanto al éxito en cualquier transición. El gobierno de Bethany ha evolucionado a través de los treinta y cuatro años que ha tenido estructura de iglesia, pero siempre ha mantenido un elemento clave: «simpleza».

Flexibilidad con responsabilidad
Cualquier estructura de gobierno que totalmente restrinja el liderazgo pastoral en cuanto a implementar una visión para la iglesia no es de Dios. ¡Alguien dijo que Moisés todavía hubiera estado junto a la costa del Mar Rojo si hubiera nombrado un comité para que recomendara si debían cruzar o no! Dios levanta a un Moisés para dirigir la iglesia y le da a esa persona la visión y un plan de lo que debe ser la iglesia. Sin embargo, esa persona también debe tener que dar cuenta de lo que hace para prevenir una búsqueda imprudente de cosas opuestas a la Palabra de Dios. La frase clave, entonces, es «flexibilidad con responsabilidad».

Presbíteros
Bethany está estructurada para que haya flexibilidad con responsabilidad. Tenemos tres pastores de afuera que sirven como «presbíteros», hombres con más de cincuenta y cinco años de edad y con por lo menos treinta años de experiencia pastoral. El pastor principal rinde cuentas a los presbíteros, hasta el punto de

que pueden quitar al pastor si falla moral, ética, financiera o bíblicamente.

Ancianos

Otro componente del gobierno de Bethany es los tres «ancianos», hombres que llenan los requisitos bíblicos de 1 Timoteo 3.1-7 y están en uno de los «ministerios quíntuples» que se mencionan en Efesios 4.11. Estos hombres son por lo general los tres líderes de nuestro equipo que tienen años de experiencia pastoral.

Diáconos

El último componente es tres «diáconos», hombre que sirven en la capacidad de ayudar a gobernar los aspectos prácticos de la iglesia. Los diáconos ayudan en la adquisición de propiedad y en decisiones que afectan a la iglesia como una «corporación». Como pastor principal, soy el décimo miembro de esta «junta de directores». Las decisiones financieras locales legalmente las pueden tomar los tres ancianos, los tres diáconos y el pastor principal.

Cualquier queja contra mí debe llevarse a los tres presbíteros. Las decisiones espirituales y la dirección ministerial nunca están sujetas a la opinión de los diáconos, sino solo a la de los ancianos. Este arreglo nos da el balance de responsabilidad necesario sin el impedimento sofocante que existe cuando se les pida a hombres que son «diáconos» que supervisen espiritualmente a una iglesia.

Cualquiera que sea su gobierno eclesiástico, asegúrese de que tenga tanto elementos de flexibilidad como de responsabilidad. Si las bases de la iglesia no sirven, todo esfuerzo por cambiar las estructura y la dirección será difícil. Los resultados pueden ser parecidos a los de mi amigo que se construyó una casa. Cuando el albañil tiró los cimientos, estaba bebiendo mucho. Por lo tanto, ¡el concreto se echó treinta centímetros fuera de escuadra! Lo hecho, hecho estaba. Como resultado, tuvieron que cortar en ángulo cada pedazo de madera, marco, gabinete, pared y alfombra. Si su fundamento no está bien, los engranajes de transición rechinarán con frustración y esfuerzo mientras usted trata de lograr lo que el Señor le está guiando a hacer.

El pedal del «gozo»

Un tercer «pedal de embrague» que Bethany utilizó para hacer suave la transición se describe simplemente con la palabra «gozo». ¡Una característica principal de una iglesia vivificadora es que las personas ríen bastante! No hay un ambiente de presión, control ni manipulación.

Puedo ilustrar mejor cómo funciona el gozo con una experiencia que un amigo tuvo en una gira en autobús por Israel. Mi amigo miraba por una ventana cuando vio un rebaño de ovejas con un hombre, que aparentemente era el pastor, que caminaba detrás de ellas. Mi amigo le comentó al guía: «Yo creía que los pastores caminaban delante de las ovejas».

El guía contestó: «No, ese no es el pastor, ese es el carnicero. El pastor guía, pero el carnicero empuja». Jamás he olvidado esa ilustración. ¡Con frecuencia nosotros los pastores «empujamos» a las personas hacia el cambio! En vez de guiar mansamente a través del ejemplo y la emoción, elegimos el camino de la coerción y la manipulación. Debido a esta tendencia, he instruido a nuestros pastores a estar ciertos de mantener *el gozo del Señor* en todo lo que hacen. Cuando las personas llegan a la iglesia después de una día o una semana larga, lo menos que necesitan es encontrar a un pastor con una cara larga.

Tenemos mucho que aprender en cuanto al gozo de la iglesia en El Salvador. En un viaje reciente a ese país, descubrí que en sus grandes reuniones para líderes de células, gritan declaraciones emocionantes que verbalizan sus metas: «¿Podemos tomar esta ciudad?» Se contesta con un gran «¡SÍ!» «¿Podemos ganar a los perdidos?» También lo contestan con «¡SÍ!» Por varios minutos todos se regocijan en la victoria que sus células experimentarán esa semana.

Cuando le preguntamos a un líder sobre esta práctica, este respondió: «Si los Efesios pudieron gritar dos horas por Diana, una diosa falsa, ¿cuánto más podemos gritar por unos minutos para alabar al Dios vivo y verdadero?» No queremos «emocionar» a las personas con algo vacío y hueco, pero nuestra labor para

Dios debe estar llena de gozo. Los líderes «llenos del Espíritu» son líderes productivos, y momentos de alabanza y oración eufórica nos ayudan a mantener un sentir de progreso, aun en las dificultades.

La actitud de gozo también se debe comunicar desde el púlpito. El pastor debe emocionarse con la visión y comunicarla con una postura positiva y no defensiva. En vez de «caerle encima» a las personas que no participan en las células, el pastor debe regocijarse con los que ya participan y dar un testimonio positivo en cuanto a la eficacia de sus ministerios.

> *La vieja expresión, «Uno puede llevar el caballo al agua, pero no puede obligarlo a tomarla» debe modificarse para incluir: «...pero SÍ PUEDE echarle sal a su avena».*

La vieja expresión, «Uno puede llevar el caballo al agua, pero no puede obligarlo a tomarla» debe modificarse para incluir: «...pero SÍ PUEDE echarle sal a su avena». Una de las maneras en que Bethany le «echa sal a la avena» es incluyendo en los cultos breves parodias divertidas de un miembro típico que trata de decidir si va a unirse a una célula o no. Los miembros, aun los que no están en células, se ríen de las objeciones obvias y se dan cuenta de lo bueno que sería la vida celular para ellos.

He decidido mantener mi gozo en el ministerio y procurar el gozo hasta que llegue al cielo. No hay método o sistema por el que valga la pena perder gozo. Aun Pablo dijo: «¡Colaboramos para vuestro gozo!» (2 Corintios 1.24).

EL PEDAL DEL «ÉXITO»

Un cuarto elemento para una buena transición es «edificar sobre el éxito». La mayoría de las corporaciones grandes utilizan programas piloto y sondean el mercado para establecer un producto nuevo en un mercado nuevo. Puede ser que el mismo tipo de estudio de mercadeo sea necesario para establecer un nuevo ministerio celular.

Bethany comenzó la transición a las células desde una base ya establecida (el ministerio de oración Ejército de Gedeón) y podía predecir un alto nivel de éxito en cuanto a su capacidad de multiplicarse. Sin embargo, sé de una iglesia que se emocionó con la visión celular y «asignó» a todos sus miembros a las células. Como no tenían un historial de éxito comprobado ni experiencia, algunos de los grupo terminaron como un fracaso después de solo unas cuantas semanas. La experiencia dejó un sabor malo en algunos de los miembros.

¡Nada tiene éxito como el éxito! Comience grupos que tienen una alta probabilidad de tener éxito. Los líderes que estén fuertes en la oración, fuertes en la habilidad de alimentar a otros y fuertes en la visión servirán cómo buenos líderes iniciales. Quizás se pregunte: «¿Qué si no tengo a NADIE así?» Comience con sus líderes de oración. Entonces busque entre los que oran a los que saben criar.

EL PEDAL DE LA «VISIÓN»

«Visión» es el pedal de embrague que permite que su credibilidad, flexibilidad, responsabilidad, gozo, éxito y amor ayuden en la transición de su iglesia desde donde están ahora a donde usted quiere que esté. Al pasar usted tiempo con las personas que tienen un deseo fuerte de pastorear, criar y ayudar a otros, estas personas captarán la visión y la iglesia cambiará de marcha automáticamente.

Con frecuencia, un pastor equivocadamente trata de efectuar la transición hacia un modelo celular de iglesia convirtiendo en líderes de célula a todos los «ancianos» (o diáconos). Descubrimos que esto no funciona porque estos líderes no tenían más don de pastorear que muchos de los demás miembros de la iglesia. Eran buenos en cuanto a «ayudar» con cosas prácticas como el diaconado, pero no necesariamente eran buenos en cuanto a «criar». Permita que sus ancianos se involucren si quieren, cuando quieran, pero no los obligue a ser líderes solo porque han sido parte del liderazgo de la iglesia.

Sería peligroso que una persona que es «líder» en la iglesia se convierta en un antagonista para la visión. Si el enfoque de sus células es discipular y criar a los recién convertidos y nuevos miembros, ¡no hay por qué pelear! El problema surge cuando uno obliga a un miembro a unirse a una célula o trata de manipular a un líder actual a ser un líder de célula.

Todos quieren unirse al éxito. ¡El mejor anuncio es el de un cliente satisfecho! Para hacer la transición adecuadamente, comience con un núcleo de líderes en los que usted tiene plena confianza espiritual, que tienen una vida devocional madura y una personalidad extrovertida para alcanzar y criar a otros. A grupos con este tipo de líder casi no les alcanzan las sillas para sentar a las personas que quieren asistir.

EL PEDAL DE LA «PACIENCIA»

Otro pedal de embrague necesario que hace falta para transicionar se describe con una palabra: «paciencia». ¡Leí una vez acerca de un tipo de bambú en Asia que crece solo uno o dos metros en los primeros cuatro años y de repente crece a 30 metros en los quinto y sexto años!

Anuncié a nuestra iglesia que estábamos en un proceso de transición de cinco años. Nuestro crecimiento inicial fue rápido al involucrarse los miembros de la iglesia. Nuestro crecimiento disminuyó en el cuarto año cuando se nos acabaron los líderes y aprendimos el principio de los doce. Nuestro crecimiento comenzó de nuevo en el quinto año a la vez que comenzaron a formarse grupos homogéneos dentro de nuestros distritos geográficos.

De igual manera, usted puede esperar que el Señor le muestre pequeños componentes de su estructura que ayudarán a sus células a crecer. Las células requieren trabajo duro, como la agricultura. El libro de Santiago lo describe así: «Mirad cómo el labrador espera el precioso fruto de la tierra, aguardando con paciencia hasta que reciba la lluvia temprana y la tardía» (5.7).

Muchos pastores, sin embargo, padecen de un «déficit de atención espiritual» y tienden a saltar de «respuesta a respuesta». Se desvían con otras veinticinco avenidas de ministerio (por ejemplo, viajar constantemente, comenzar programas personales, involucrarse en juntas y otras organizaciones), en vez de mantenerse totalmente concentrados en las células. El resultado es que las ovejas se sienten inquietas y confundidas. Este problema se pueda aliviar con una táctica que se usa con frecuencia en el mundo secular de los negocios.

La mayoría de las corporaciones grandes envían a sus ejecutivos a una salida de por lo menos tres días en la que limpian pisos, preparan hamburguesa o lo que sea que hace la compañía a nivel popular. Este «encuentro con el patrón» obliga a los líderes a enfrentar los problemas reales de sus empleados en vez de generar decisiones desde sus «torres de marfil».

¡Recomiendo que cada pastor dirija una célula por un tiempo para que vea lo que es tener que parar en el mercado para comprar papitas antes de una reunión. Cada pequeña experiencia que usted tenga le servirá como un rico material de enseñanza para los demás y mostrará a las «tropas» que los «generales» están comprometidos. Poco a poco comenzará a ver cómo van surgiendo los bloques para edificar su liderazgo. Algún día, muchos de los que usted conoció en el primer nivel serán parte de su equipo, así que entrénelos bien.

EL PEDAL DEL «LIDERAZGO VISIONARIO»

El último pedal que hay que utilizar para tener una buena transición hacia una iglesia celular tiene que ver con un elemento de la personalidad del pastor: «liderazgo visionario». Es la habilidad de comunicar una visión a un equipo e inspirar los miembros de ese equipo a trabajar juntos hacia una meta común con emoción y motivación. Tristemente, este elemento no es evidente en muchos pastores. Son excelentes alimentadores, tienen una buena vida devocional, pero aparentemente no pueden motivar a nadie en su iglesia a comprometerse radicalmente a aprovechar las oportunidades de ministrar.

Todos tenemos diferentes estilos de liderazgo, pero recomiendo que los pastores se analicen en cuanto a esto.[1] Hay pastores que son propulsores (2% del total) que abren caminos, retan al *status quo* y no andan con miramientos. Otros son influyentes (11%), y pueden hablar y motivar pero no son buenos en cuanto a los detalles. Otros son tradicionalistas (71%) y les encantan los senderos trillados y les cuesta salirse de lo que ya está demostrado. Otros son metódicos (16%), y lo analizan todo, y les encanta refinar los métodos y reducirlo todo a un proceso bien elaborado. En mi experiencia, los mejores pastores son a la vez propulsores e influyentes. Si usted no es de estos sino tradicionalista y metódico, debe buscarse algún individuo en su iglesia que sea propulsor e influyente. Sin una persona que tenga esas características, muy poco sucederá o se preservará.

Al convertir su iglesia en una iglesia de estructura celular, analice su «credibilidad», su forma «gubernamental», su «gozo», su «paciencia» y su «liderazgo visionario». Con estos cinco factores bien establecidos y una gran dosis de oración y ayuno, algo extraordinario sucederá.

¿Está usted listo para esta transición? Apriete el «embrague» y meta un cambio. Lo que usted temía que fuera un período ruidoso y difícil quizás sea un período fácil, emocionante y alegre. Al comenzar, sin embargo, recuerde que es un «proceso» de varios años. Pero el «proceso» será fundamental para retener la gran cosecha que se recogerá en un futuro cercano. ¡Prepárese para la recogida!

Nota

1. Este análisis del perfil pastoral forma parte del «Sistema de la Personalidad» y su propósito es descubrir estilos personales de liderazgo. Se encuentra disponible a través de *The Institute for Motivational Living, Inc.* P.O. Box 925, New Castle, PA 16103.

capítulo 10

PELIGROS Y RETOS

Una vez leí una historia acerca de un obrero de la construcción que trabajaba de noche. El hombre estaba trabajando en una parte elevada y aislado del edificio cuando de pronto resbaló. Cuando comenzó a caerse, sus dedos se aferraron a la repisa. Por una hora este hombre se agarró desesperadamente mientras gritaba por ayuda. Desafortunadamente, el ruido de la construcción alrededor impidió que otros oyeran sus gritos y la oscuridad impidió que otros vieran su problema. Cuando llegó a un punto de desesperación, sus dedos entumecidos de repente resbalaron. Con gran mortificación, en vez de caer a su imaginada muerte, ¡el obrero de la construcción solo descendió ocho centímetros a un andamio que había estado ahí todo el tiempo!

¡LAS CÉLULAS DEBEN HACER QUE SATANÁS TIEMBLE Y NO EL PASTOR!

No puedo concebir mejor ilustración para describir el sentir de temor y fobia que con frecuencia encuentro cuando hablo de células con pastores. Muchos han oído increíbles historias de «pesadillas» de errores, catástrofes financieras, insurrecciones masivas y divisiones de iglesia. Otros han hecho el mayor esfuerzo por comenzar las células solo para verlas renquear y fracasar. La mención de la iglesia celular evoca visiones de familias fracturadas en las que los esposos corren a reuniones noche tras noche mientras sus hijos quedan descuidados y los matrimonios destruidos. Aunque cualesquiera de estos escenarios son posibles, la histeria que los acompaña ha sido sumamente exagerada por el diablo. Satanás TEME las células, como han demostrado las iglesias más grandes del mundo, porque las células contienen el principio más poderoso para convertir y discipular naciones.

El elemento de lo desconocido siempre está presente en un nuevo empeño, pero el concepto del ministerio en los hogares es tan viejo como el Nuevo Testamento e igual de poderoso. Sin embargo, como ningún retrato se ve completo hasta que se enmarca, siento que es importante hablar de las dificultades que Bethany ha encontrado en su jornada de siete años de transicionar hacia una iglesia celular. ¡Espero que esta advertencia sobre los peligros y retos que le esperan impida que usted se sienta como ese obrero de la construcción!

LAS SIETE ZONAS DE PELIGRO EN LA IGLESIA AMERICANA

He aislado siete áreas en las que más hemos luchado durante estos últimos siete años. Aunque las siete áreas de los retos de Bethany paralelan muy de cerca a los que ennumera el Dr. Yonggi Cho en su libro *Successful Home Groups*, los retos de las iglesias americanas serán únicos en la cultura americana.

Zona de peligro #1: Orgullo espiritual

El primer reto que Bethany ha confrontado es *una actitud elitista entre los miembros de la célula y sus líderes*. El orgullo espiritual es un peligro que siempre está presente y que Satanás promueve para producir la división. «División» es una palabra que significa «dos visiones», y dentro de una iglesia local en transición estas dos visiones serán evidentes en las personas que han recibido la visión y aquellos que aún no la han aceptado. Como descubrimos en los capítulos anteriores, el pastor es la clave para ayudar a las ovejas a relajarse y pasar por el proceso dentro de sus propios niveles de comodidad en vez de «empujarlos» en contra de sus voluntades.

Invariablemente, sin embargo, algunos creyentes bien intencionados en la iglesia tenderán a ser demasiado apasionados en su manera de reclutar a los «antiguos» miembros a las células o al liderazgo. La mentalidad de «nosotros» y «ellos» se desarrolla, y un cristiano perfectamente maduro y bien balanceado comienza a sentirse como un visitante en su propia iglesia.

Cuando este tipo de reclutamiento comienza, el punto principal de las células de multiplicar vida en el Cuerpo se eclipsa por un impulso por edificar una estructura eclesiástica. Por lo tanto, hemos instruido varias veces a nuestros líderes a alcanzar y ministrar, lo cual es la verdadera naturaleza de Cristo, en vez de tratar de erigir una organización o estructura. Las células solo son una herramienta que usamos para amar, alentar y sanar a las personas, no un sistema para empujarlas.

Que el pastor sea el que motiva y lanza la visión, porque el pastor conoce a qué paso debe andar el rebaño entero. He dado exhortaciones de vez en cuando a nuestra iglesia en cuanto a ser «amigos» los unos de los otros y no «consejeros». El orgullo concerniente a los títulos, las posiciones y los resultados siempre será un peligro, pero los mismos líderes sabios se quedarán postrados en el piso como hicieron Moisés y Aarón en el desierto.

Zona de peligro #2: Deshonestidad financiera

La segunda área de lucha para nosotros ha sido en la área de las finanzas. Una estructura celular se parece mucho a una red de mercadeo piramidal, ¡pero algunas personas no han percibido la diferencia! Cuando ven una célula y sus conexiones a otras células, sus mentes visualizan un acceso instantáneo a cientos de individuos que pueden contactar sin mucho esfuerzo personal. A través de la historia de la iglesia, personas ambiciosas con agendas secretas han sentido que la «piedad es un medio de conseguir ganancias», y la flojamente entrelazada estructura de la mayoría de iglesias la hace casi impenetrable para estos depredadores financieros.

En Bethany, sin embargo, hemos establecido una ley dura y firme que no se debe realizar absolutamente ningún trato comercial dentro de las células, punto. Ningún miembro o líder puede usar un contacto con otra persona para cosas financieras. Nuestros líderes están bien entrenados en cuanto a cómo descubrir a una persona que está usando sus conexiones en las células para propósitos financieros y los líderes informan a los miembros de la célula con rapidez. Dentro de los últimos cinco años solo hemos tenido quizás tres incidentes de este tipo que surgieron y los tres fueron aplastados de prisa por los líderes de célula, los líderes de sección y los pastores de zona.

Además de restringir «cosechas financieras» en los grupos, también desaprobamos que las células se involucren financieramente en un apoyo extensivo de benevolencia y proyectos externos que no están conectados con la iglesia local. Aunque las células tienen la libertad de recibir ofrendas de amor de vez en cuando para un miembro necesitado, los líderes están instruidos en cuanto a velar por las personas que se están aprovechando de las buenas intenciones de los miembros de las células.

Bethany da más de 2 millones cada año a las misiones. Dirigimos la mayoría de nuestra ayuda local a nuestra tienda de benevolencia, «Panes y peces», en la forma de comestibles, muebles, ropa y otros enseres domésticos, pero no damos contribuciones directas en efectivo. Cada distrito, sin embargo, tiene un fondo de benevolencia que utiliza para desembolsar cada mes a los miembros necesitados. Por lo tanto, la mayoría de nuestra remuneración financiera está dirigida a nuestras oficinas de distrito.

Zona de peligro #3: Negar a los niños

Una tercera área de dificultad es quizás unas de las primeras preguntas que surgen en cuanto a las células: ¿Y qué de los niños? ¡La imagen de prescolares corriendo locamente en la casa de sus mejores miembros basta para desalentar a cualquier pastor inteligente! Puedo decir sinceramente que aunque el área de cómo ministrar a los niños es problemática, no ha sido imposible vencer ese problema.

Hemos hecho de la presencia de los niños una atracción para los padres. En una de nuestras reuniones de célula llamada «De regreso a la escuela», los miembros de las células oraron por cada niño. ¡Tuvimos 2 500 niños en las células ese fin de semana y aquellos niños trajeron a sus padres con ellos! De pronto se nos ocurrió que una de las mejores maneras de hacer crecer nuestros grupos familiares era hacer del ministerio de niños un punto fuerte en vez de un punto débil en nuestra estructura.

Conectamos la lección de nuestra iglesia infantil dominical con algunas fáciles preguntas de discusión para los niños en las células. Cada semana, diferentes miembros adultos de las células se turnan llevando los niños al patio o a otro cuarto para repasar la lección celular de los niños con ellos. Por supuesto, los niños pueden estar en la reunión principal durante el tiempo de la «dinámica» la adoración, y entonces se van durante el tiempo de discusión.

Otra consideración en lidiar con los niños es estar abiertos a otras opciones. Por ejemplo, algunos miembros prefieren juntar su dinero para emplear a un joven para que cuide los niños y les enseñe la lección. Otros miembros han desarrollado opciones que sirven mejor para su estilo y edad.

Una advertencia en cuanto a los niños existe en todo aspecto del ministerio de la iglesia hoy: el peligro del abuso. El noventa y nueve por ciento de este peligro se puede eliminar si uno instruye a sus líderes a NUNCA permitir que un varón joven cuide a los niños durante una célula. Bethany adoptó esta política en la guardería también y no hemos tenido problemas. Los niños nunca deben quedarse sin supervisión. «Para un sabio una palabra basta».

Zona de peligro #4: Enseñanza no aprobada
Un cuarto problema que hemos tenido es el peligro constante de que las células se conviertan en un foro para aquellos que quieren alimentarse del rebaño para su ministerio personal. Hemos adoptado de la experiencia del Dr. Cho la política de no permitir que nadie ministre en nuestras células sin permiso pastoral. ¡Una de las maneras en que eliminamos las falsas enseñanzas es que en las células NO

SE ENSEÑA! Todos nuestros grupos son grupos de discusión, facilitados por un líder, no un conferencista. Por lo tanto, no hay un foro para que una persona venga a presenta su última posición doctrinal sobre la escatología o el libre albedrío.

Como pastor, he diseñado las lecciones para que complementen lo que le estoy enseñando a todo el rebaño el domingo y tienen bastante que «masticar» en las lección y la aplicación. En círculos carismáticos, otro problema puede surgir cuando un individuo «profético» quiere «dar una palabra» a todos los presente. Aunque no rechazamos este muy legítimo don, se debe dar principalmente cuando los líderes están presentes para «juzgar» (la reunión de la iglesia local) y no en foros en los que un líder quizás no este en el llamado quintuple pastoral.

No permitimos la distribución ni la promoción de libros, casestes ni folletos en las células. Cualquier intervención con un énfasis espiritual en una célula se reporta inmediatamente a los pastores y se juzga en nuestra reunión pastoral semanal. No hemos tenido casi ningún problema con la introducción de errores, y solo unos pocos individuos que han ido de célula a célula buscando un foro para enseñar o profetizar. He quedado asombrado ante la eficacia de la supervisión pastoral en tales casos y unas pocas instancias he dirigido al equipo en cuanto a cómo manejar al individuo.

Zona de peligro #5: Ignorar la necesidad de ser reales

Un quinto problema que hemos descubierto no es un problema generado por las células sino expuesto por ellas. Cuando se comiencen las células, quizás usted se sorprenderá al descubrir cuanto pecado escondido existe en su iglesia. Las iglesias están llenas de individuos que tienen problemas muy arraigados con la pornografía, los videos pornográficos, adicción a la cocaína, la violación, la fornicación y aun el aborto. Semana tras semana, estas personas heridas asisten a los cultos en el templo y miran la parte de atrás de la cabeza de la persona que se sienta en frente de ellas. Sin embargo, cuando se involucran en una célula, tienden ha querer abrir su pecho y buscar alivio para sus pesadas conciencias.

Durante los primeros dos años de nuestras células, líderes horrorizados reportaban la exposición de pecados enormes en nuestra congregación. Pensábamos que los creyentes estaban cayendo en pecados terribles, ¡cuando en realidad los pecados se estaban cayendo de ellos! A la vez que el caldero relacional se calienta en la célula, la nata va subiendo y hay que quitarla. Quizás no suene muy bonito, pero es muy saludable. Lo hermoso de esta escena fea es que las personas llegan a ser parte de un ambiente de cuidado y apoyo que los puede ayudar a salir de sus problemas en vez de tener que asistir a una sesión de consejería en la que solo pueden recibir instrucción.

> *A la vez que el caldero relacional se calienta en la célula, la nata va subiendo y hay que quitarla. Quizás no suene muy bonito, pero es muy saludable.*

Familias enteras y matrimonios han sido sanadas en células de problemas que nunca surgieron en nuestras conferencias de la familia ni en nuestros cultos regulares. La presencia de Dios ciertamente está visitando a América ahora y nuestras iglesias pronto estarán llenas de creyentes arrepentidos y renovados que necesitarán apoyo y relaciones.

Zona de peligro #6: Caer y quemarse

Además de revelar el pecado, hemos encontrado un sexto reto: los líderes pueden caer o quemarse. Bethany ahora se fija cuidadosamente en aquellos que han hecho cualquiera de éstas cosas. Antes creímos el mito de que una vez que las personas llegan a ser líderes (de célula o lo que sea), estarían tan involucrados en el fluir del ministerio que jamás caerían. ¡Pues, no! Los líderes pasan por etapas de dificultades con sus trabajos, con los niños y con las finanzas. Pueden ser tentados en el trabajo o con una relación de la célula.

Al principio quedamos espantados cuando un líder cayó en pecado. Entonces comprendimos que el ministerio no libera a nadie de la posibilidad del pecado, ni siquiera el pecado grande. Es más, todo líder se convierte en un blanco principal para las tentaciones de Satanás como es ilustrado en la tragedia de David con Betsabé. Hemos instruido a nuestros líderes en la ética ministerial de nunca estar solos con un miembro del otro sexo, nunca visitar a una casa sin un compañero y de rápidamente evaluar la apariencia en cualquier situación.

Así como los líderes no son libres de la tentación, tampoco son exentos de quemarse. La «quemadura» de líderes solo ha ocurrido en una escala muy pequeña en los últimos cinco años, pero casi siempre se puede atribuir a una vida devocional débil. Alguien señaló que cuando uno se siente «vaciado» debe ser «rellenado».

La victoria de Elías en el monte Carmelo lo dejó como un blanco abierto para la quemadura bajo el árbol en el desierto. Le hemos enseñado a nuestros líderes que tienen la responsabilidad de pasar tiempo cada día sentado ante los pies de Jesús. Tanto en Bogotá como en Seúl, cada líder de célula pasa un mínimo de tres horas en oración. A diferencia de Bogotá y Seúl, no definimos un período de tiempo, pero sí retamos a nuestros líderes a ser constantes en su tiempo devocional. Sabemos que los que esperan a Jehová tendrán nuevas [Hebreo: cambiarán] fuerzas (véase Isaías 40.31).

También le enseñamos a nuestros líderes a constantemente evaluar sus prioridades. Durante el verano, por ejemplo, el béisbol, el fútbol y la barbacoa son populares. Nos adaptamos al deseo de maximizar el verano con varias células al aire libre y barbacoas. Sin embargo, le recordamos a los líderes que controlen la frecuencia de las actividades al aire libre. La mayoría de los americanos tienen más oportunidades que tiempo, así que deben sabiamente discernir cuáles actividades son las más importantes.

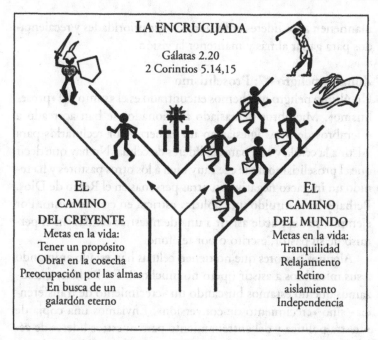

LA ENCRUCIJADA

Gálatas 2.20
2 Corintios 5.14,15

EL
CAMINO
DEL CREYENTE
Metas en la vida:
Tener un propósito
Obrar en la cosecha
Preocupación por las almas
En busca de un
galardón eterno

EL
CAMINO
DEL MUNDO
Metas en la vida:
Tranquilidad
Relajamiento
Retiro
aislamiento
Independencia

He usado la siguiente ilustración de una encrucijada con nuestros líderes. El mundo y aun algunos cristianos han eligido un camino sobre el cual pueden vorazmente procurar las metas de la tranquilidad, el relajamiento y el retiro. Su idea de la «buena vida» es ser independientes, ser financieramente solventes, poder viajar a dondequieran y estar jubilados y adictos al golf para la edad de 45.

El otro camino es el de la cruz. Cristo pasó sus 33 años de vida procurando ministrar y servir a otros. El camino de la cruz es el camino de dar, trabajar para el Señor y redimir su tiempo terrenal para el ministerio. El placer no es la meta, pero la verdera realización se encuentra cuando el fruto se madura en el Señor.

Nadie puede andar por ambos caminos a la misma vez: Cada individuo debe elegir el camino que va a seguir. Si este valor básico no queda establecido en sus líderes, usted los verá constantemente tomando decisiones que los alejan más y más de la prioridad de sus ministerios. Hemos hallado que reuniones semanales con los líderes de sección o pastores de zona aparte de sus células mantienen a los líderes enfocados en sus prioridades y recalentados para ganar almas y mantener la visión.

Zona de peligro #7: Proselitismo

Un último peligro que hemos encontrado es el asunto del «proselitismo». Miembros demasiado apasionados se han acercado a miembros de otras iglesias en un esfuerzo por reclutarlos para asistir a la célula y aun para ser líderes de célula. No hay que decir que el proselitismo no le cae muy bien a los otros pastores y ha tenido un impacto negativo en otras personas en el Reino de Dios. Bethany ha instituido una política estricta en cuanto a esto. Por ejemplo, nadie puede asistir a una de nuestras células sin el permiso de su pastor, escrito o por teléfono.

Algunos pastores que no tienen células han estado animando a sus miembros a asistir (¡pero no muchos!). En Bethany enfatizamos que no estamos buscando un «crecimiento de transferencia» sino «crecimiento de conversión». Enviamos una copia de nuestra política y del entrenamiento para nuestros líderes de célula a cualquier pastor preocupado y esa información por lo general detiene la discordia.

A pesar de todos nuestros esfuerzos por eliminar la asistencia en las células de personas de otras iglesias vivificadoras, algunas ovejas han «saltado la cerca» en búsqueda de la visión celular. Alguien dijo: «No robamos ovejas, ¡pero sí crecemos yerba!» Así como estoy seguro que hemos tenido personas que se han ido que no estaban de acuerdo con nuestra visión (aunque no puede recordar ni una), algunos también han venido a Bethany para ser parte de ella.

La política de Bethany es animar a los «salta cercas» a regresar a sus iglesias, pero no podemos obligarlos. Sin embargo, sí le informamos a sus pastores cuando pertenecen a iglesias hermanas. También le pedimos que se unan a una célula y permanezcan ahí un tiempo antes de procurar el liderazgo. Lo llamamos «sentar y absorber» por un tiempo mientras observamos sus vidas y dones entre nosotros.

Quizás al leer esta lista de siete zonas de peligro, ha sentido sus dedos espirituales perder el agarre uno a la vez y le parece que se está cayendo. Recuerde, «acá abajo los brazos eternos» (Deuteronomio 33.27). Esta lista de siete zonas de peligro no agota todos los asuntos que hemos enfrentado o que enfrentaremos. Sin embargo, la mayoría de estos asuntos tienen que ver con simplemente pastorear a las personas.

Nunca nos hemos enfrentado a una insurrección, decepción o salida masiva porque cuidamos a las personas por medio de las células. De hecho, hemos explotado con crecimiento al cerrar la «puerta de atrás» por la que se escapaban por falta de supervisión pastoral. Prepárese y esté vigilante por estas posibilidades sin ser paralizado por el temor. Escuche la voz del Espíritu Santo y proceda hacia la dirección a la que Él lo guíe.

Ya que hemos identificado nuestros temores y nos hemos preparado para los peligros, preparémosnos para la cosecha más grande en la historia del mundo. Millones han de ser salvos en América y Dios está preparando a la iglesia celular como un arca de seguridad para el despertar de una generación sin Dios al nuevo milenio y el Retorno de Cristo. ¡Prepárese para un crecimiento masivo! ¡Nuestro trabajo no es preparnos para un desastre sino para su Venida!

capítulo 11

¡A MÁS ALLÁ
DE LA INFINIDAD!

La famosa frase «To infinity and beyond» que declaró Buzz Light-
year en la película *Toy Story* ha sido inmortalizada como el grito
de batalla del optimismo ilimitado. Al concluir este libro, sería
apropiado relatar algunas perspectivas sobre la poderosa realidad
y las futuras posibilidades de la iglesia celular.

Comencemos con una perspectiva sobre las personas. Nuestro diálogo concerniente a la estructura eclesiástica y el ministerio siempre debe terminar con individuos de la «vida real» cuyas
vidas han sido alteradas de una forma dramática por la vida en la
iglesia celular. En Bethany, no tenemos que mirar más allá de la
vida de Marion Slaton para ver el milagro.

MARION SLATON

El trabajo de Marion la trajo de New Jersey a Baton Rouge, y llegó a la ciudad sin conocer a nadie. Un compañero del trabajo le
habló de nuestra iglesia y la invitó a visitarnos. Asistió a un culto
dominical, y pocos días después, recibió una llamada de Janice

Hall, una señora de Bethany, para programar una visita con Marion en su casa. Fijaron un día. Janice pasó por la casa de Marion con un regalo (una Biblia en un año) y oró con ella, invitando a Marion a asistir a su célula. Marion vaciló en cuanto a involucrarse. Recientemente se había separado de su esposo y estaba adolorida, algo que prefería sentir sola. Janice fue persistente y hasta se brindó para llevar a Marion a la reunión. Al sentirse obligada, Marion aceptó ir.

¿Cómo fue? Marión dijo: «Jamás he experimentado algo semejante. Había mucha luz, mucha felicidad, personas llenas de gozo que se sentían cómodos los unos con los otros. Me amaron, abrazaron y oraron por mí. Estaba herida y no sabía que me podían sanar».

> *«Jamás he experimentado algo semejante. Había mucha luz, mucha felicidad, personas llenas de gozo.»... ¡Eso son las células!*

Un cambio empezó a ocurrir en la vida de Marion. Mientras seguía asistiendo la célula, se involucró más y más en la vida de los demás. Pronto, Marion estaba celebrando la célula en su casa, y siente que la célula dejó una «unción» en su casa.

«He visto señales, prodigios y milagros como resultado de la célula, y yo misma he recibido sanidad interior por medio del ministerio de la célula» dice Marion. «Fue difícil ser una madre soltera en una ciudad donde no tenía familia. Mi célula me dio una familia. Me amaron, me cuidaron la niña cuando viajaba y me dieron el apoyo que necesitaba».

Marion ha sido entrenada y sirve como líder de célula. ¡Así son las células!

SOMERSET, KENTUCKY

Además de Marion, mi mente vuelve atrás a la historia de una iglesia celular en Somerset, Kentucky. A un miembro de una célula le diagnosticaron cáncer. Cuando ella se ingresó a un hospital local para su primer tratamiento de quimioterapia, sus compañeros de la célula se sintieron tan turbadas que se reunieron para hablar de cómo ministrarle a su hermana. ¿Su solución? Decidieron comprarle una peluca y le dijeron que también se pondrían pelucas cuando ella tuviera que usar una. Las damas todas la están apoyando, manteniendo contacto con ella, y aún hoy están dispuestas a ponerse una peluca para ayudarla.

Todas se sientan juntas en la iglesia, viendo que todas sus necesidades sean suplidas. «Así son las células!

LAS CÉLULAS EN EL CUIDADO INTENSIVO

Finalmente, en el otoño de 1997, la hija de una de nuestros líderes de célula misteriosamente quedó en coma. Como ella misma es enfermera, entendió la seriedad de la situación cuando ocho especialistas intentaron en vano determinar por qué los órganos vitales se estaban apagando y su cuerpo necesitaba un sistema de respiración artificial. Desde el primero de septiembre hasta mediados de octubre, su hija estaba suspendida entre la vida y la muerte, y en realidad murió tantas veces que los doctores pararon de contar.

Cada cuatro horas, miembros de la célula de la mamá celebraban una reunión de oración en el cuarto de cuidado intensivo. Día tras día, semana tras semana, nada cambiaba. De pronto, una mañana, ¡la hija despertó! Un milagro había ocurrido, y a lo largo de los próximos meses la hija gradualmente mejoró. Aun sin un diagnóstico, los doctores simplemente le quitaron el sistema de respiración artificial cuando recuperó las fuerzas. Finalmente, después de tres meses, ¡dejaron a la hija ir y esta se recuperó plenamente!

La hija se paró en la plataforma de nuestra iglesia para darle gracias a nuestros miembros por su apoyo en la oración, pero más que nada le dio gracias a los miembros de la célula de su mamá que fueron mes tras mes, cada cuatro horas, para orar por su vida. ¡Así son las células!

LAS CÉLULAS NORTEAMERICANAS ESTÁN AFECTANDO A LAS IGLESIAS EN TODO EL MUNDO

Una segunda perspectiva que debemos considerar en cuanto al futuro de las células es cómo este nuevo movimiento entre las iglesias norteamericanas está afectando el crecimiento de la Iglesia a escala mundial.

En enero de 1995, me senté en un restaurante en Orlando, Florida, con un joven pastor de Johannesburgo, Sudáfrica. Su iglesia tenía muchos miles de miembros, pero no había experimentado un crecimiento constante por varios años. Su grito desesperado era el deseo de ministrar mejor a su iglesia, así que nuestra conversación se dirigió hacia la estructura de Bethany.

Aunque este joven pastor ya había investigado a varias iglesias celulares alrededor del mundo, le emocionaba la posibilidad de visitar a Bethany. ¡Qué sorpresa me dio cuando me informó que estaría viajando por avión ese fin de semana a Johannesburgo y regresaría el siguiente martes para asistir a nuestra próxima Conferencia de la iglesia celular! Su regreso con varios asociados demostró un hambre por implementar el concepto de la iglesia celular. Llegó a Johannesburgo con una visión fresca. En sus propias palabras:

> Me impresionó mucho lo que vi. Las piezas del rompecabezas se me hicieron muy claras. Lo que mi equipo y yo vimos y aprendimos de su iglesia lo implementamos con gran éxito. Ese mismo mes lanzamos 100 células. Dentro de seis semanas nuestra asistencia había subido hasta 1.000 personas que asistían a las células.
>
> Aquí estamos ahora a principios de 1998 con 425 células y más de 7.000 de nuestros miembros pertenecen a las células. Cada semana tenemos una asistencia actual en las células de 4 300 personas. Nuestra meta este año es estar

muy cerca de 600 células con mucho más de 6 000 asistiendo a esas reuniones cada semana. Quiero tomar esta oportunidad para darle gracias por su contribución al éxito que estamos disfrutando.

El movimiento de iglesias celulares está barriendo con Sudáfrica a la vez que cientos de iglesias han hecho la transición a la estructura celular. Muchas de las nuevas congregaciones en Rusia también han nacido como iglesias celulares. Nuestro administrador viajó a Novosibirsk, Siberia, para dar una conferencia celular en la que entrenó a una iglesia que en ese momento tenía 4 células. ¡Un año después, el pastor de esa iglesia visitó a Bethany y su iglesia desde ese tiempo ha crecido a tener 80 células! Desde Moscú hasta Siberia, las poderosas nuevas iglesias rusas están creciendo como resultado de la «visión celular».

Nuestras Conferencias anuales de la iglesia celular tienen una asistencia constante de pastores que representan hasta 15 naciones. De Suiza, Panamá, Hungría, Camerún, Malawi, Mongolia, India, Nicaragua, Rusia y Zimbabwe, vienen a comprender cómo pastorear a su pueblo con más eficacia. Constantemente oímos reportes de cómo estos conceptos han cambiado a sus iglesias drásticamente.

Uno de nuestros misioneros, David Pursiful, pastorea una iglesia en las afueras de Guadalajara, Méjico. ¡Su iglesia de 60 miembros creció de 4 células en 1994 a 200 células en 1997! Iglesias en Ciudad Méjico, Monterrey y a través de todo el país de Méjico reportan un crecimiento tremendo a través de las células, con una organización que cuenta con mil células en sus grupos de iglesias.

Otro misionero nuestro, Donald Matheny, en Nairobi, Kenia, ha reportado un crecimiento fenomenal de iglesias celulares. Visitó a Bethany con un equipo de sus pastores de Kenia de la Iglesia el Faro de Nairobi en Noviembre 1993. Regresaron a Kenia y comenzaron su ministerio celular con 94 grupos en agosto de 1994. ¡Su crecimiento ha sido fenomenal!

¡Se han visto obligado a mover sus cultos al Estadio de la ciudad de Nairobi, el cual se llena cada domingo con más de 3 500 personas por 3 horas en su «celebración»! ¡Ahora tienen más de

500 células y solo van a «permitir» que 250 de ellas se multipliquen en 1998, para que la calidad de los líderes permanezca alta! La iglesia ahora está impactando a toda África Oriental en vista de que pastores de Uganda y otras naciones de África Oriental están observando el avivamiento en la Iglesia el Faro de Nairobi y están transicionando hacia una estructura celular.

LA VISIÓN PROFÉTICA

La última perspectiva que quiero dar en cuanto a «a más allá de la infinidad» es la visión profética que tenemos en Bethany de multiplicar iglesias celulares en América.

Jamás olvidaré mi viaje reciente para predicar en una conferencia de misiones en Nashville, Tennessee. Mientras Melanie y yo orábamos silenciosamente en el costado del auditorio durante un tiempo de ministerio en el altar, una persona usado fuertemente en el ministerio profético (y reconocido por el pastor local) se paró al lado nuestro. Nos preguntó si podía orar por nosotros, y al hacerlo, comenzó a darnos un mensaje del Espíritu Santo. Como no lo conocía, fui cortés y le permití orar por mí, ¡pero solo me interesé en su «mensaje» cuando empezó a hablar de cosas que él no tenía forma niguna de saber!

Dijo que nos vio con un «cuentagotas» en la mano. El Señor nos iba a usar para restaurar una «clara visión» a la iglesia. De hecho, dijo que era una visión «20/20», una visión de «Hechos 20.20». Él parecía desconocer que Hechos 20.20 se refiere a una reunión de la iglesia en el hogar: «y cómo nada que fuese útil he rehuido de anunciaros y enseñaros, públicamente y por las casas». Continuó con su palabra para nosotros con una descripción de «otras barcas» que venían junto a la barca en la que estaba Cristo (véase Marcos 4.36). Dijo que el Señor le había revelado que habíamos recibido una «unción de multiplicación» de una iglesia en Sudamérica (entendimos que esa es la iglesia en Bogotá, Colombia), y que seríamos usados en el hemisferio occidental para ayudar a «otras barcas» a recibir la misma unción.

Numerosos detalles adicionales acompañaron esta palabra del Señor, detalles que describían minuciosamente otras relaciones que teníamos y el estatus de nuestro Bethany Cell Church Network (Red de iglesias celulares Bethany). Esta red cabía perfectamente con la descripción de las «otras barcas» que Dios enviaría a estar junto a nuestra iglesia para ser alentadas en sus propios ministerios celulares.

En enero de 1998. Bethany Cell Church Network (B.C.C.N.) [red de iglesias celulares Bethany]se formó para llevar nuestra conferencia de la iglesia celular a 24 sitios regionales cada año. Además, un equipo local se estableció para contestar preguntas, dar consejos y aliento a los cientos de nuevas iglesias celulares que se están levantando en todo norteamérica. Por último, materiales y otros recursos que producimos mensualmente en nuestro ambiente de iglesia celular serían disponibles a cada iglesia del B.C.C.N. para mantenerlos al corriente de los matieriales de avanzada tanto de Bethany como de otros ministerios celulares. La «cumbre de líderes» mensual, las cuatro lecciones celulares mensuales, folletos que conducen a los creyentes alrededor del «diamante de béisbol» hacia el liderazgo y muchos otros recursos se proveen a las «otras barcas» que se afilian con la red de iglesias celulares Bethany (B.C.C.N.).

Como no tienen un modelo norteamericano que seguir, Bethany es un pionero en el ministerio celular, preparando un camino a seguir para los demás. Sin embargo, como pioneros, con frecuencia tenemos que apreciar el camino que estamos abriendo, pidiéndole a Dios sabiduría y dirección. Nuestra estructura celular y métodos de entrenamiento se evalúan contínuamente y se ajustan según la dirección del Espíritu Santo.

El deseo de nuestros corazones a principios del siglo veintiuno es ser una simple herramienta en las manos del Señor para ayudar a las iglesias del hemisferio occidental a descubrir los principios vivificantes para pastorear la iglesia celular que otras iglesias alrededor del mundo disfrutan. ¿Qué nos aguarda el próximo milenio? ¿Cómo estarán nuestras naciones en 5 a 10 años?

En lo más profundo de mi corazón, creo que estaremos en «cosecha» y «hostilidad» como una sociedad poscristiana va en busca de la realidad y desecha las amarras bíblicas. Cuando sucedan estas cosas, las «raíces» estructurales de miles de iglesias celulares serán profundas y relacionales en vez de superficiales y sensacionalistas.

Estas iglesias estarán edificadas sobre el principio de la familia, y no solo el conocimiento o el ministerio. El modelo griego para la madurez estaba basado en el conocimiento, pero el modelo hebreo estaba basado en relaciones. Las células hacen de la iglesia una familia, haciendo de los miembros «hijos» en la casa y no solo «siervos». Desarrollan propiedad, iniciativa, conexión y seguridad. Como el poderoso ejército de Ezequiel, sus conexiones producirán el aliento de Dios y mayor vida para que el mundo inconverso pueda ver.

EL ENFOQUE FINAL

Creo que el enfoque final de iglesia celular será los grupos de personas no alcanzadas en el mundo. El departamento de misiones de Bethany, junto con el movimiento A.D. 2000, preparó recientemente un perfil en cuatro páginas de cada uno de los 1739 grupos de personas menos evangelizados en el mundo.

Las iglesias celulares alrededor del mundo están adoptando a estos grupos, asignando a 10 grupos que oren por cada grupo de personas no alcanzadas. A través de un «perfil de oración», los miembros ven una foto de alguien de ese grupo, relevante información cultural e histórica, el estatus más reciente de la obra misionera entre ellos y puntos clave para orar específicamente. La meta es que las iglesias cuyas células están adoptando a estos grupos de personas enviarán un equipo de sus mejores líderes para penetrar ese grupo de personas y plantar una congregación celular entre el grupo para comienzos del año 2001.

Está pasando ya. El fin de la Gran Comisión se acerca, quizás aun en nuestra generación. El fruto del último gran avivamiento se preservará en iglesias que han aprendido el secreto de cómo mantener la cosecha en pequeños grupos relacionales como aquellos que se vieron entrelazados con el Mesías hace 2.000 años. Prepare a su iglesia para este último derramamiento ... encuentre su núcleo de oración, entrene a sus líderes, concéntrese en los recién convertidos y prepárese para la multiplicación. América está lista para el avivamiento ... ¿lo estaremos NOSOTROS?

UNA REUNIÓN
DE CÉLULA IDEAL

¿Qué ocurre en la reunión de una célula? Como mencioné en un capítulo anterior, el formato de la reunión de edificación y la evangelística es algo diferente por la presencia de inconversos en la evangelística. Sin embargo, creo que un sencillo repaso de sus componentes ayudará.

Hemos descubierto que siempre es mejor comenzar con ALGO DE COMER. Los primeros veinte o treinta minutos debieran comenzar con dos personas que brindan un refrigerio (galletitas, bocaditos, etc.) y todos los disfrutan. Nosotros preferimos que no haya comidas pesadas porque pone presión a la gente en cuanto a «lucirse» socialmente cada semana. Sin embargo, el comenzar comiendo tiene algo que tranquiliza a la gente y las pone de buen humor. Los grupos que se reúnen en el trabajo o durante el receso del almuerzo de todos modos comen juntos en todas las reuniones. Por supuesto, uno tiene que ajustarse cuando es imposible comer.

A veces, en las casas, la gente se va a la sala u otro lugar de estar y se comienza la dinámica de «romper el hielo» con tanta naturalidad como con cualquier otro tema de conversación. El líder lanza una simple pregunta (que se sugiere en cada lección) a la cual todos pueden dar una pronta y jovial respuesta. Esta dinámica es indispensable porque promueve espíritu de compañerismo a la vez que incita a la gente a expresarse. Durante una reunión de tipo «edificante» (no hay inconversos presentes), el grupo pasará de diez a quince minutos en esto con adoración. Por cierto, hemos elaborado algunos casetes con cuatro canciones de adoración para ayudar a cantar. Si no, alguien puede dirigir con una guitarra, un teclado o a capella.

El siguiente segmento es una discusión de cuatro preguntas que giran sobre un pasaje bíblico. Nuestros grupos generalmente discuten el tema del sermón del domingo anterior. Nuestra meta es tener una discusión bien dinámica, no una pirámide de enseñanza de maestro a estudiante. Por lo tanto, el moderador (líder del grupo) se limita a lanzar la pregunta y deja que el grupo se exprese. La lección culmina con una «aplicación» en la que los miembros se dividen en grupos de tres y oran por cualquier asunto práctico que la lección enfocara.

Después de la lección, el grupo se concentra de nuevo en la oración y en la «visión». En una cartulina blanca se presenta el nombre de las personas que cada miembro piensa ganar para Cristo. Pasan un tiempo orando por los nombres que están en la cartulina y discuten a quién van a invitar para la próxima reunión evangelística. Claro, este formato solo se usará cuando no haya inconversos presentes. Preferimos que las reuniones no sean de más de noventa minutos; creemos que si la gente sabe cuánto va a durar, habrá mejor participación. Algunos grupos que se reúnen en el trabajo lo hacen como por treinta minutos, pero una hora parece ser lo normal en una reunión antes, durante y después del trabajo. Cada reunión, dure lo que dure, debe contestar positivamente estas cuatro preguntas: ¿Hubo compañerismo? ¿Hubo discusión? ¿Hubo aplicación? Y, ¿hubo visión?

Printed in the USA
CPSIA information can be obtained
at www.ICGtesting.com
LVHW030712050824
787165LV00011B/140